Het n

De Heilbode

Derde druk, 2017

Het mysterie van de Opname
De onthulling van dit mysterie kan elk ogenblik plaatsvinden.

Cover & lay-out: Remco de Vries, route5.nl
Bewerkte foto's cover: © Adobe Stock
Drukwerk: Quality Dots
Uitgever: Stichting de Heilbode
ISBN: 978-90-73982-29-1

Jaap Dieleman

Het MYSTERIE van de Opname

De onthulling van dit mysterie kan elk ogenblik plaatsvinden

Ik draag dit boek op aan iedereen
die gelooft in, hoopt op en verlangt naar
de terugkeer van Jezus Christus.

En aan iedereen die samen met
Gods Geest uitroept: Kom, Here Jezus!

En aan hen die vasthouden aan de
laatste woorden van Jezus Zelf:
"Zie, Ik kom spoedig!"

Want ik geloof dat wij de generatie zijn,
die getuige zal zijn van de openbaring
van het mysterie van de Opname.

Jaap Dieleman

Dit boek gaat over het mysterie van de Opname,
een geheimenis dat in de Bijbel is opgetekend.

Een geheim dat God voor wijzen en verstandigen heeft
verborgen, maar aan Zijn kinderen bekend gemaakt.

Wie oren heeft die hore, wat Gods Geest tot
ons te zeggen heeft over dit geheimenis.

Inhoud

Aanbevelingen

In dit prachtige boek vermaant en troost Jaap Dieleman ons met een boodschap van hoop, zoals die in weinig of geen kerken meer gepredikt wordt. De inzichten die de Heer hem over de Opname van de Gemeente gegeven heeft, zullen u verkwikken en uw geloof enorm versterken. Absoluut een aanrader!

John Howard - Hoofdredacteur Charisma Nederland

Jezus komt terug! Alle oog zal Hem zien en Hij komt als Zoon des Mensen op de wolken zoals voorzegd. Op de voor hem zo unieke wijze heeft Jaap deze aloude waarheden pakkend neergepend, zonder het bij theorie alleen te houden. Moge je gegrepen worden door de verwachting van de Opname en de wederkomst zoals de apostelen en profeten en eerste gemeente die hadden, zodat je je leven vandaag zult inrichten met die blik op de toekomst.

Stef Schagen – voorganger C.G. 'De Weg' Heerenveen

'Het Mysterie van de Opname' van de bekende schrijver, leraar/apostel, zendeling en kunstenaar Jaap Dieleman is een absolute MUST voor iedere Christen om te lezen. De gave van profetie of de bediening als profeet, behoeft niet altijd geuit te worden in een WOORD van profetie voor een persoon of voor de gemeente. Daniël was een man met INZICHT. De Heilige Geest gaf Daniël INZICHT om de

droom van de koning uit te leggen. Daniël was een profeet met de gave van INZICHT voor het volk van God en voor Zijn Koninkrijk. Ook Jozef had INZICHT door de Geest van God om aan Farao te zeggen wat nodig was voor de komende tijd. In Genesis 41 staat het verhaal van Jozef, hoe hij aan Farao uitlegt wat de komende tijd geschieden zal: zeven vette jaren en zeven magere jaren. In Genesis 41:33-36 lezen we de oplossing voor de wereld van toen door het geestelijk INZICHT wat Jozef aan Farao doorgeeft.

Dit boek over de OPNAME, geschreven door Jaap Dieleman, geeft de gelovigen INZICHT op een duidelijke bijbelse wijze. Als ik dit boek doorlees, zie ik een profetische gave van INZICHT, die in dit boek duidelijk door Jaap Dieleman tot uiting komt. Wij leven anno 2017 in spannende tijden, maar er is altijd hoop voor de wedergeboren Christen. In dit boek wordt dit prachtig beschreven. Wij vluchten niet weg, maar worden OPGENOMEN door de liefde van God.

Dit is niet voor sommige 'uitverkorenen, maar Jezus zegt tegen een **ieder**: "Wees bereid" Zoals Jaap in dit boek schrijft: "Verwacht Hem, Jezus komt!" Dank Jaap, voor dit prachtige boek, van Nederlandse bodem. Van harte aanbevolen!

Jaap Kooij - Zendeling-Apostel

Jaap is een man van God, een man om van te genieten. Een vader voor jonge leiders zoals ik, en voor de onaanraakbaren in India. Hij is een voorbeeld van iemand die door de jaren heen z'n vuur voor de boodschap die de Heilige Geest op z'n hart legt, nooit of te nimmer laat uitdoven. Over de boodschap in dit boek hebben we goede gesprekken gehad. Jaaps passie is echt aanstekelijk, vooral het gevoel van enorme urgentie om elk moment klaar te zijn voor de komst van Jezus. En: om zoveel mogelijk mensen te helpen de overstap te maken naar de goede kant van die nieuwe tijd. Dit boek zal je zeker laten delen in die passie, dat gevoel van urgentie, en het zal je ook stimuleren om Gods Woord te onderzoeken. En zo is hij er weer in geslaagd om Gods profetische boodschap voor deze tijd over te brengen: Kerk, de tijd is kort! Zet alle zorgen en elke afleiding aan de kant, en ga aan het werk, vermenigvuldig je talenten, dwing iedereen binnen te komen, want Jezus heeft alles gereed gemaakt. Veel zegen bij het lezen van dit boek!

Christian Tan - voorganger LEEF! Aruba

Eindelijk..., een glashelder boek over de 'Opname', het allergrootste 'upcoming event'. Laten we God danken dat Hij Jaap Dieleman de opdracht heeft gegeven tijd en energie te investeren in diepgaand onderzoek en de vrucht daarvan in duidelijke taal aan de lezers over te brengen. Dit boek gaat niet in de eerste plaats over onze toekomst of over de toekomst van Israël; het boek spreekt in de eerste plaats over de toekomst van de Here Jezus Zélf. Vol passie zegt Hij in Joh. 17: *"Vader, Ik wil dat waar Ik ben, ook zij bij Mij zijn die in Mij geloven, om Mijn heerlijkheid te aanschouwen die Gij Mij gegeven hebt"*.

Ziet u Jezus' verlangen? Alleen al dáárom is het boek een 'must' voor een ieder die Hem oprecht liefheeft. Mijn gebed is dat 'Het mysterie van de Opname' méér christenen doet uitzien naar Jezus' spoedige wederkomst.

Frank Ouweneel - Bijbelleraar en eschatoloog

Het is echt de timing van God dat dit geweldige boek van Jaap over de Opname is verschenen. De laatste jaren merk ik dat er heel verschillend over dit onderwerp wordt gedacht. Tegelijk krijg ik berichten uit het land dat er in de kerken weinig over wordt gesproken of er wordt een beetje omheen gedraaid. Eén van de belangrijkste teksten in de Bijbel waaruit we kunnen opmaken dat de Opname van de gemeente vóór de grote verdrukking zal plaatsvinden is Openbaring 3:10. Maar nu zag ik dat de Nieuwe Bijbel Vertaling (NBV) er omheen draait (zoals Jaap terecht schrijft in dit boek). En in de Bijbel in Gewone Taal (BGT) is deze tekst zelfs helemaal verminkt. Geweldig is ook de uitleg die Jaap geeft over de vijf wijze en de vijf dwaze maagden in relatie tot de Opname.

Tenslotte wil ik adviseren om van dit onderwerp geen breekpunt te maken. Ik heb ook mensen in ons team van medewerkers die er anders over denken dan ik en ik begrijp zelfs ook waarom ze van mening zijn dat de Opname pas na de grote verdrukking plaatsvindt. En dat is dan vaak gebaseerd op een enkele tekst, maar als u dit boek (biddend) leest gaat u door de gedegen uitleg van Jaap het *totaalplaatje* zien en dat zal u zeker verrassen denk ik.

Bert Panhuise - voorzitter Eurospirit

Inleiding

De *'Opname'*, een veelbesproken thema onder christenen; een thema waarover de meningen vaak uiteen gaan. Sommigen zien geen bijbelse basis voor het idee, anderen juist wel. Het is dan ook niet toevallig dat Gods Woord het een mysterie, ofwel een geheimenis noemt. Het is een geheim waarvan velen geen weet hebben. Zelfs veel christenen hebben er nooit van gehoord en het bestaan van dit mysterie wordt zelfs door velen betwist als zijnde een onbijbelse leerstelling uit de koker van een zekere Margaret McDonalds, die tijdens de Welch-Revival in 1840 hiervan een visioen had gekregen. Sommigen beweren dat ze demonisch bezet was en dat haar visioenen een duivelse oorsprong hadden. Geen wonder dus dat men haar denkbeelden afwees.

Ook vandaag zijn er nog velen die de Opname als bijbels gegeven verwerpen. *"Als het bijbels zou zijn, zou dit door de hele kerkgeschiedenis heen bekend geweest zijn"*, zo redeneren ze. Maar is dat echt zo? Of zijn er wellicht oudere bronnen die ook al over de Opname spreken?

Bovendien is het argument dat Margret McDonalds bezeten was, geen bijbelse argument om de leerstelling van de Opname te verwerpen. Net zomin als haar visioenen een bijbelse argument zouden zijn om wél in de Opname te geloven. Om te weten of iets in lijn is met Gods Woord, moeten we Gods Woord zelf als uitgangspunt nemen. Want dat is *'het Woord der Waarheid'* en de waarheid zal ons vrijmaken. Gods Woord is de weegschaal en het paslood om onze leerstellingen te wegen en meten. Dat hoop ik in dit boek dan ook te doen.

Preterisme

Anderen, met name de *Preteristen*, geloven dat Jezus rond het jaar 70 na Christus is teruggekomen, ten tijde van de verwoesting van Jeruzalem door keizer Nero en de daarop volgende verstrooiing van de Joden. Ze stellen dat Israël heeft afgedaan en dat de gemeente daar voor in de plaats is gekomen. In hun optiek is de gemeente van Jezus Christus nu het nieuwe Israël. Feitelijk is dit de eeuwenoude onbijbelse vervangingsleer van Augustinus in een nieuw jasje. Logisch gevolg van deze leer is dat men niet gelooft in de eindtijd, de grote verdrukking en de antichrist, de Opname van de gemeente en de terugkeer van Jezus Christus. De leer van de Opname van de gemeente en de fysieke wederkomst van Jezus wordt gezien als een belachelijk hersenspinsel, vooral ingegeven door angst voor de grote verdrukking, die volgens de *Preteristen* dus allang heeft plaatsgevonden. De gedachte dat Jezus terugkomt voor het Joodse volk en dat Hij de aarde gedurende duizend jaar vanuit Jeruzalem zal regeren wordt door de aanhangers van het Preterisme dan ook met beslistheid afgewezen.

In mijn boek *'Kunnen deze beenderen herleven'* heb ik aangetoond dat bovengenoemde leerstelling bijbels gezien een dwaling is. Daarom zal ik er hier ook niet verder op ingaan.

Kingdom Now

Vervolgens signaleren we een sterke opkomst van de *Kingdom Now* theologie. De kern van deze leer is dat de christenen eerst de aarde tot een voetbank voor Zijn voeten zullen maken alvorens Jezus zal terugkomen. De *Dominion theologie* zegt: "*Wij zullen heersen en regeren, de machten van de hel overwinnen en de aarde tot een paradijs maken. En als we dan klaar zijn, komt Jezus om te regeren.*" Maar is dat echt zo? Kijk om je heen! Deze leer is nauw verwant aan het Preterisme. Ook in deze leerstelling is geen plaats voor een Opname. "*Dat is angstgeloof*", zeggen ze.

"*De Opname is een ontsnappingstheologie, gebaseerd op angst voor de grote verdrukking en de komst van de antichrist*", zeggen ze. Maar is dat een bijbelse redenering? Is er een bijbelse grond om de Opname belachelijk te maken als een op angst gebaseerde leer? Welke bijbelse waarheden liggen aan deze redenering ten grondslag? Zouden er ook nog hele andere bijbelse redenen kunnen zijn om wél in de Opname te geloven?

Nihilisten

Behalve bovengenoemde stromingen noem ik ook nog de nihilisten. Dat zijn mensen die de spot drijven met christenen die er zo'n verwachting op na houden. "*Hij komt echt niet meer hoor!*" zeggen ze dan. "*Het duurt nu al zo'n tweeduizend jaar en we hebben nog steeds niets gezien. Geloof je nou echt in dat soort sprookjes? Hou toch op met die onzin! Je verspilt je tijd met dat wachten! Wij moeten er zelf wat van maken, toch?*" Ja, inderdaad het duurt nu al bijna tweeduizend jaar en dan is het *spoedig* van God soms moeilijk te plaatsen voor ons menselijk tijdsbesef, maar is Zijn belofte daarom dan onwaar? Is ons wachten echt tevergeefs? Verspillen we onze kostbare tijd met wachten? Hebben mensen die dat zeggen misschien toch gelijk? Nee, zeker weten van niet! Er is absoluut geen enkele bijbelse grond voor het nihilisme. Jezus heeft beloofd terug te komen voor de zijnen en we zijn er dichterbij dan ooit.

Jezus heeft beloofd terug te komen voor de zijnen en we zijn er dichterbij dan ooit!

Maar hoe zit het dan met al die verschillende opvattingen? Is de Opname inderdaad een hersenspinsel van zweverige types? Is Jezus al bijna tweeduizend jaar geleden teruggekeerd? Komt Hij pas terug als wij, christenen, de aarde hebben onderworpen en tot een paradijs gemaakt? Of wacht ik tevergeefs op iets wat toch nooit gaat gebeuren? Voordat we daar dieper op ingaan, willen we eerst eens kijken naar een stukje kerkgeschiedenis.

In de geschiedenis van de kerk

Sommige mensen menen dat *'de Opname van de gemeente voor de grote verdrukking'* een pas na 1830 opgekomen leerstelling is. Daarom veronderstellen ze dat het een valse leer is, nieuwlichterij van ene John Nelson Darby, die leefde van 1800-1881. Maar is dat zo? Kan de kerkgeschiedenis ons hier een handje helpen?

Wat geloofden de kerkvaders in de eerste eeuwen?

Behalve dat er een solide basis voor de Opname in de Bijbel te vinden is, bijvoorbeeld in Lukas 21:36; Openbaring 3:10; 1 Thessalonicenzen 4:17 en Hebreeën 11:5, is het ook belangrijk om te weten wat de vroege kerk leerde over *'de Opname van de gemeente vóór de grote verdrukking'*.

Irenaeus (130-202 na Christus), was een discipel van Polycarpus. Polycarpus leerde Jezus kennen door Johannes, 'de apostel die Jezus liefhad' (Johannes 21:7). Naast het evangelie dat zijn naam draagt en een drietal brieven van zijn hand, schreef hij ook het boek Openbaring. Zowel Polycarpus als Irenaeus kenden Johannes persoonlijk. Irenaeus werd later opziener van de kerk van Lyon en is beroemd geworden vanwege zijn 5-delige verhandeling *'Tegen de dwalingen'*, waarin hij stelling nam tegen het valse onderwijs en de dwalingen van opkomende sektes van zijn tijd. Irenaeus geloofde in de 3 1/2 jaar durende regering van de antichrist, als heerser over deze wereld, voorafgaand aan de tweede komst van Christus. Irenaeus geloofde ook in een letterlijke 1000-jarige regering van Jezus Christus op aarde, na Zijn wederkomst en de opstanding van de rechtvaardigen. Irenaeus geloofde ook in de Opname *vóór* de grote verdrukking. In *'Tegen de dwalingen'* schrijft hij:

> *"En daarom, wanneer aan het einde, de kerk plotseling zal worden opgenomen van de aarde, staat er geschreven, 'dat er dan een verdrukking zal zijn zoals er nog niet geweest is sinds het begin en ook niet zal komen.' Dit is de laatste strijd van de rechtvaardigen, waarin, wanneer zij overwinnen, zij worden gekroond met onvergankelijkheid".*

Let op het gebruik van het woord *'opgenomen'* dat Irenaeus gebruikt. Het is precies dezelfde Opname-terminologie die je kunt vinden in 1 Thessalonicenzen 4:17. Het woord *'harpazo'* is daar gebruikt, wat betekent 'opgenomen worden'. Irenaeus geloofde dat de Opname van de gemeente zou plaatsvinden vóór het begin van de grote verdrukking.

Cyprianus (200-258 na Christus), de opziener van de vroege kerk in Carthago, werd onthoofd voor zijn geloof. Hij was een grote steunpilaar van de vroege kerk. Hij leidde zijn gemeente door zware Romeinse vervolging en was bekend vanwege zijn welsprekende verhandelingen ter verdediging van het geloof. In zijn werk: '*Verhandeling van Cyprianus*' schreef hij het volgende:

> *"Wij die zien, dat erge dingen zijn begonnen te gebeuren, en wij, die weten, dat nog verschrikkelijker dingen ophanden zijn, mogen het beschouwen als een groot voordeel om dit alles, zo vlug als mogelijk, achter ons te laten. Is dat geen reden om God te danken en jezelf te feliciteren, dat je door een plotseling vertrek weggenomen bent, en zo bevrijd wordt van de ondergang van deze wereld en van de rampen die staan te gebeuren? Laat ons de dag begroeten, dat ieder van ons wordt weggerukt naar elders, en wij vrijgezet worden van de strikken van de wereld en wij hersteld worden in het paradijs en het Koninkrijk van onze God."*

Evenals Irenaeus, geloofde Cyprianus, een zeer prominente vroege kerkvader, in een '*vervroegde bevrijding en verlossing*' voor gelovigen die daardoor bewaard zouden worden voor de oordelen die verwoestend en wereldwijd zouden zijn. Hij leerde dat het Lichaam van Christus verlost zou worden van '*de dag des Heren*'. Cyprianus onderwees dat '*God ons niet had gesteld tot toorn, maar tot het verkrijgen van zaligheid*' (1 Thessalonicenzen 1:10). Vreugdevol bemoedigde hij de gelovigen in de verwachting dat ze zouden worden weggenomen *voor* het begin van de verdrukking. En hij spoorde hen aan om met verlangen uit te zien naar de woningen die Jezus voor ons persoonlijk zal bereiden, zoals geschreven staat in Johannes 14.

Ephraïm de Syriër (306-373 na Christus) was eerst een diaken in de kerk in Syrië, later werd hij de opziener van de kerk in Nisibis. In zijn werk '*De laatste tijden 2*', schreef Ephraïm:

> *"Zie erop toe dat deze straf niet wordt voltrokken onder jullie, waarvan de profeet verklaart: Wee hen, die de dag des Heren verlangen te zien! Want al de heiligen en uitverkorenen worden bijeen vergaderd, voorafgaand aan de verdrukking die komt. Zij worden door de Heer opgenomen, opdat zij de verschrikkingen niet zullen zien die de wereld zal overweldigen vanwege de zonden. En daarom, broeders, meest dierbaren van mij, het is het elfde uur, en het einde van de wereld komt. Het is de tijd van de oogst, en de engelen, gewapend en voorbereid, houden sikkels in hun hand, wachtend op het bevel van de Heer. Wij geloven dat de aarde haar ondergang tegemoet gaat. Rumoer zit eraan te komen, oorlogen van allerlei volken en veldslagen en invasies van barbaren die ons zullen bedreigen, en onze streken zullen verlaten zijn, maar wij zullen niet bang zijn voor de verslagen die we ervan zullen lezen, noch wanneer het daadwerkelijk zal gaan gebeuren".*

Ephraïm geloofde dat christenen moesten weten dat de dag van de Heer naderde en dat zij in staat zouden moeten zijn om de tekenen der tijden te herkennen. Hij verwees ook duidelijk naar *de dag des Heren* in het Oude Testament met een verwijzing naar de grote verdrukking in het Nieuwe Testament. Dit onderwijs was algemeen bekend in de vroege kerk. Ieder van de kerkvaders getuigt in schrijven en spreken van een geloof in de Opname *vóór* de dag des Heren en *vóór* de grote verdrukking.

Dit schrijven van de kerkvaders is op zichzelf geen bewijs voor de Opname *vóór* de grote verdrukking. Ook kunnen zij op geen enkele manier worden beschouwd als gelijkwaardig aan of even gezaghebbend als de Heilige Schrift. Wat zij echter wel doen, is duidelijk laten zien dat het onderwijs van de Opname van de gemeente *voor* de grote verdrukking niet '*een moderne uitvinding*' is, zoals ten onrechte wel wordt beweerd. Deze geschriften bewijzen ook dat het onderwijs over de Opname *voor* de grote verdrukking sinds de eerste eeuwen van de kerkgeschiedenis onderdeel is geweest van het christelijk geloof. En we zijn nu dichter gekomen bij het moment dat deze belofte elke dag in vervulling kan gaan. Ja, Jezus komt spoedig terug! Maar al die tegenstrijdige denkbeelden maken het er voor een eenvoudige gelovige niet gemakkelijker op. Soms zie je door al die verschillende leerstellingen de waarheid niet meer. Want wat is waar? Wat is de waarheid die ons echt vrijmaakt? En als zelfs dit historische getuigenis van de kerkvaders niet gezaghebbend is, wat dan wel? Dat is niet zo moeilijk: niets anders dan Gods Woord!

Gods Woord

Zoals eerder gezegd: de Bijbel, Gods Woord, is de maatstaf van God. Als we onze denkbeelden willen wegen en meten, moeten we die afmeten aan de hand van wat Gods Woord hierover zegt. Dat is dan ook het doel van dit boek. Ik wil u graag meenemen op een speurtocht in Gods Woord om te ontdekken wat God zelf over al deze dingen te zeggen heeft.

Wat God voor wijzen en verstandigen verborgen houdt, heeft Hij aan Zijn kinderen geopenbaard. En daarmee hoop ik de kakofonie van allerlei geluiden, leerstellingen en denkbeelden achter ons te kunnen laten. Want onze God zal nooit tegen Zijn eigen Woord ingaan. En vergeet niet dat Hij beloofd heeft bepaalde zaken voor wijzen en verstandigen verborgen te zullen houden, maar dat Hij deze zaken wel bekend maakt aan Zijn kinderen. Wees daarom als een kind en laat je inspireren tot een frisse, nieuwe verwachting van de komst van Jezus Christus.

Als wachter aangesteld

Terwijl ik mijn laatste boek 'Het mysterie van de Opname" aan het schrijven was, werd ik onverwachts door een oude vriend bemoedigd. Hij wilde mij blijven steunen voor mijn 'heraut-bediening' schreef hij. Terwijl ik die woorden las, bracht God een opmerkelijke jeugdherinnering bij mij naar boven.

Als twaalfjarige jongen moest ik tijdens het afscheidsfeestje van de lagere school de rol spelen van een heraut. Het toneel was aangekleed als een stadsplein. Ik had een ratelaar, een trompet en een boekrol. Ik moest de ratelaar laten ratelen om de aandacht te trekken van de mensen, daarna moest ik de bazuin blazen om alarm te slaan om daarna de boekrol open te rollen en het woord van de koning aan het volk bekend te maken. Na afloop zei mijn vader nog dat ik het goed had gedaan, waardoor ik als twaalfjarig jongetje best wel trots was op mijn rol.

Dat was exact 50 jaar geleden en ik heb hier nooit meer aan gedacht, totdat mijn oude vriend mij vertelde dat hij mij wilde steunen voor mijn 'heraut-bediening'. Het was alsof God tegen me zei: "*Vijftig jaar geleden was dit de generale repetitie voor datgene waar Ik jou nu voor geroepen heb! Ik wil dat je alarm slaat en het volk mijn Woord bekend maakt! Ik wil dat je hen waarschuwt uit Mijn naam zodat ze in staat zullen zijn om te ontkomen aan alles wat geschieden zal, om gesteld te worden voor het aangezicht van de Zoon des mensen"*(Lukas 21:36). Is het ook niet opmerkelijk dat we onze bediening "De Heilbode" hebben genoemd! Dat is immers gewoon een ander woord voor heraut. En het is geen fatalistische doemboodschap maar juist een aansporing om deze tsunami-waarschuwing' ter harte te nemen om zo het oordeel te ontlopen.

Ratel, trompet en boekrol

Na aanvankelijk geworsteld te hebben met deze opdracht, vanwege de angst voor onbegrip en afwijzing (niets menselijks is mij vreemd), heb ik besloten me niet te laten leiden door de vrees wat mensen van mij denken, maar juist wel door wat God hiervan vindt. Ik sta als heraut tenslotte in dienst van Mijn Koning en dus zal ik mij zo goed mogelijk inzetten om Zijn opdracht uit te voeren. Dus ratel in met de ratel om aandacht te trekken, blaas ik de bazuin om alarm te slaan en open ik de boekrol om het Woord van mijn Koning bekend te maken. En ik hoop dat mijn Hemelse Vader, straks, net als mijn aardse vader destijds, ook tegen mij zal zeggen: *"Dat heb je goed gedaan, mijn jongen!"* Wat een voorrecht om de heraut van de Hemelse Koning te mogen zijn! Want Zijn Woord is goed nieuws voor de wereld, een boodschap van hoop voor hopelozen, kracht voor de zwakken en liefde voor liefdelozen! Dat blijft de boodschap totdat Jezus komt en de bazuin zal klinken! In Zijn opdracht!

Jaap Dieleman

Januari 2017

Hoofdstuk 1

Waar staat het in Gods Woord?

'Want dit zeggen wij u met een woord des Heren: wij, levenden, die achterblijven tot de komst des Heren, zullen in geen geval de ontslapenen voorgaan, want de Here zelf zal op een teken, bij het roepen van een aartsengel en bij het geklank ener bazuin Gods, nederdalen van de hemel, en zij, die in Christus gestorven zijn, zullen het eerst opstaan; daarna zullen wij, levenden, die achterbleven, samen met hen op de wolken in een oogwenk ***weggevoerd worden****, de Here tegemoet in de lucht, en zó zullen wij altijd met de Here wezen.'*
(1 Thessalonicenzen 4:15-17)

Nu zeggen sommigen: *Het woord 'Opname' staat niet in de Bijbel, dus is het niet bijbels.* Maar dat is wel erg kort door de bocht. Want het woord *'Drie-eenheid'* staat ook niet in de Bijbel. Toch zien we die goddelijke realiteit al in Genesis 1:26 - "En God zei: *Laat ons mensen maken naar **ons** (meervoud) beeld en gelijkenis.*" Hoewel er niet gesproken wordt over een drie-eenheid, is die wel in de tekst terug te vinden. Bovendien is ook de mens een drie-enig wezen: geest, ziel en lichaam, geschapen naar het beeld van God. Op heel veel andere plaatsen zien we trouwens ook dat God zich bekend maakt als Vader, Zoon en Geest, zoals bijvoorbeeld tijdens de doop van Jezus.

> *'En terstond, toen **Hij** (de Zoon) uit het water opsteeg, zag Hij de hemelen scheuren en de **Geest** (de Heilige Geest) als een duif op Zich nederdalen. En een **stem** (de Vader) kwam uit de hemelen: Gij zijt mijn Zoon, de geliefde; in U heb Ik mijn welbehagen.' (Markus 1:10-11)*

In deze tekst worden *Vader, Geest* en *Zoon* in één adem genoemd. Ontegenzeggelijk bevestigt dit de Drie-eenheid als bijbels gegeven, zonder ooit het woord te gebruiken. Het is dan ook erg kortzichtig om mensen te verketteren die dit woord wel gebruiken omdat ze geloven in de Vader, Zoon en Heilige Geest. Je kunt dus niet zeggen dat de Drie-eenheid geen bijbels gegeven is, omdat het woord niet in de Bijbel voorkomt. Datzelfde geldt voor het woord *avondmaal.* Ook wel *'heilig avondmaal'*. In de perikopen die naderhand door de bijbelvertalers zijn toegevoegd, wordt het woord *'avondmaal'* zelfs zes keer gebruikt, maar in de oorspronkelijke tekst niet een keer! Is het avondmaal nu een onbijbels gegeven? Natuurlijk niet! Maar iedere christen weet dat met dit woord de maaltijd bedoeld wordt die

Jezus voor Zijn lijden en sterven met zijn discipelen vierde en waarmee Hij het nieuwe verbond initieerde. Niemand valt erover dat we die term gebruiken, ook al komt die in de oorspronkelijke tekst niet voor. Hetzelfde geldt trouwens voor heel veel andere zaken en begrippen.

Zo is er bijvoorbeeld een mythe ontstaan rondom het Kerstfeest, dat overigens helemaal geen bijbels feest is. Sommige mensen reageren geschokt als ik hen vertel dat het Kerstfeest feitelijk een heidens feest is dat niet in de Bijbel is terug te vinden. Zo zien we dat niet-bijbelse waarheden voetstoots voor bijbels worden aangenomen en dat andersom bijbelse waarheden soms worden afgewezen, omdat het begrip zelf niet direct in de Bijbel is terug te vinden. Dit geldt dus voor het begrip Drie-eenheid, maar ook voor het begrip 'Opname'.

Dwalingen worden soms voor waarheid aangenomen en sommige waarheden als dwaling afgewezen

Inderdaad komt het woord *Opname* in de Bijbel niet voor, maar de zaak zelf beslist wel, zoals we al gezien hebben in 1 Thessalonicenzen 4:15-17 waar staat dat wij *"in een oogwenk weggevoerd worden"*. Dat woord *'weggevoerd'* is in de Griekse Bijbel vertaald met *'harpagésémetha'* waar het woord *'harpazo'* van afgeleid is en de betekenis heeft van een plotselinge ontvoering, wegvoering, geroofd worden. In de Latijnse vertaling is het woord *harpazo* vertaald met *'rapturo'*. Dat laatste woord klinkt bekend want in de Engelse vertaling heet het *'rapture'*, wat wij weer vertalen met *'Opname'*. Het begrip *'Opname'* is dus wel degelijk een bijbels begrip ook al wordt het woord *'Opname'* niet letterlijk gebruikt in de Bijbel.

Andere termen met dezelfde betekenis zijn de woorden *weggevoerd, bijeen vergaderd, weg geroofd, gestolen worden* (op de laatste twee kom ik nog terug). Maar als we het woord *'bijeen-vergaderd'* zouden gebruiken om daarmee de Opname aan te duiden, dan zou iedereen je glazig aankijken en vragen: "*Welke vergadering heb je het over?*" Het is duidelijk dat we met het ingeburgerde woord *'Opname'* de specifieke 'harpazo', ofwel Opname van de Bruid van Christus, bedoelen. Iedereen herkent dit woord als zodanig en het zou geen enkele zin hebben om daar een ander woord voor te gebruiken. Als ik in dit boek over de *'Opname'* spreek, doel ik dus op de harpazo, rapturo, rapture, wegname, bijeenvergadering, onze vereniging in een ondeelbaar ogenblik met Jezus in de lucht en niets anders! Laten we nog even teruggaan naar de tekst, waar staat:

> *"Daarna zullen wij, levenden, die achterbleven, samen met hen op de wolken in* ***een oogwenk weggevoerd worden****, de Here tegemoet in de lucht". (1 Thessalonicenzen 4:15-17)*

Een ondeelbaar ogenblik

De NBG-vertaling gebruikt hier de uitdrukking *'in een oogwenk'*. Dat woord 'oogwenk' verwijst in de Strongs concordantie naar het woord 'harpazo'; dit betekent zoveel als 'opgetrokken worden, met kracht/geweld weggenomen worden, weggeplukt worden, weggevoerd worden, beslag leggen op, snel grijpen en meenemen, zoals een dief doet. Een tweede tekst die over de Opname gaat, vinden we in de eerste Corinthiërsbrief.

> *'Zie, ik deel u een* ***geheimenis*** *mede. Allen zullen wij niet ontslapen, maar allen zullen wij veranderd worden, in een* ***ondeelbaar ogenblik****, bij de laatste bazuin, want de bazuin zal*

klinken en de doden zullen onvergankelijk opgewekt worden en wij zullen veranderd worden' (1 Corinthiërs 15:51-52).

In deze tekst wordt de uitdrukking *'ondeelbaar ogenblik'* gebruikt. De Engelse vertaling spreekt van *'in a moment, in the twinkling of an eye'*. Dit moment, dit *'ondeelbaar ogenblik'*, refereert naar de kleinst mogelijke tijdseenheid, iets als een nano-seconde, een pico-seconde of een nog kleinere tijdseenheid. Niemand weet dan ook precies hoe kort dat ondeelbaar ogenblik duurt.

Om dit aan te duiden spreekt Gods woord dan ook over *plotseling*, *in een oogwenk*, d.w.z. in een flits, een ondeelbaar moment, een fractie van een seconde. De kleinste tijdseenheid die tot nu toe is gemeten heet een 'yocto-seconde', een uitdrukking die ons waarschijnlijk niets zegt. Waar het uiteindelijk om gaat is dat het tijdstip zo kort is, dat het niet met het blote oog is waar te nemen. De transformatie van de doden die in Christus zijn gestorven en de levenden die onsterfelijkheid aandoen en dan samen de Heer tegemoet gaan in de lucht, omvat dus geen proces van eeuwen, maar zal in een ondeelbaar ogenblik plaatsvinden. Wow!

Een geheimenis is een openbare waarheid die alleen door persoonlijke openbaring wordt gezien

Je zegt misschien: "Hoe weet je dat?" Wel, eigenlijk wist niemand dit. Het was vooralsnog alleen bekend bij God, totdat Hij aan Paulus een openbaring gaf over dit geheim. Hij zegt dan ook:

*'Zie, ik deel u een **geheimenis** mede' (1 Corinthiërs 15:51).*

Dit woord 'geheimenis' komt van ons woord *mysterie*. Het gaat om iets wat er al die tijd al is, maar niemand ziet het, totdat God dit geheim aan je bekend maakt. Dat is juist het bijzondere eraan dat het eigenlijk al die tijd gewoon al aanwezig was, maar God moet je ogen er wel voor openen. Zonder Zijn ogenzalf zal je het nooit zien, ook al staat het pal voor je. En Paulus was de eerste aan wie dit geheimenis bekend werd gemaakt. Hij heeft het op zijn beurt weer aan ons bekend gemaakt door het in zijn brief aan de Corinthiërs op te schrijven. Dit idee was tot dan toe beslist een mysterie, een geheimenis. Het is zo revolutionair dat velen twijfelen aan de authenticiteit ervan, mede om het feit dat het buiten alle natuurlijke wetten valt. Een mens kan immers niet vliegen en dan ook nog eens met de duizelingwekkende snelheid van de gedachte? Toch is Paulus volstrekt duidelijk als hij begint met te zeggen:

> *'Want dit zeggen wij u met een woord des Heren.'*
> *(1 Thessalonicenzen 4:15)*

Soms zegt Paulus: *"Ik zeg, niet de Here ..."* Maar in dit geval zegt hij nadrukkelijk dat het *'een woord van de Heer'* is. God zelf heeft Paulus bekend gemaakt dat er een *'harpazo'*, een Opname, een plotseling wegvoering, zou plaatsvinden voor de gelovigen in Christus. Met deze woorden bemoedigt hij de gelovigen om aan de verwachting van Zijn komst vast te blijven houden en hij troost hen hiermee door erop te wijzen dat onze geliefden, die reeds gestorven zijn, op datzelfde moment opgewekt en ook weggevoerd zullen worden; in onze vereniging met Jezus zullen wij ook verenigd worden met al onze geliefden die ons zijn voorgegaan.

Wat een bijzonder en kostbaar moment zal dat zijn. Voor altijd bij de Heer en voor altijd bij elkaar! Alhoewel de brieven aan de Thessalonicenzen in het Nieuwe Testament niet de eerste brieven van Paulus zijn, zijn het volgens de overleveringen wel de eerste brieven die hij schreef nadat hij uit Arabië was teruggekeerd. En juist deze brieven gaan bij uitstek over dit grote geheimenis.

Voor altijd bij de Here en voor altijd bij elkaar!

Nu vraagt u misschien: Maar waar wordt dit geheimenis bevestigd? En waarom werd er in het Oude Testament niets over gezegd? Datzelfde kan gezegd worden van de gemeente. Want ook de gemeente van Jezus Christus is een geheimenis. Immers de Joden wilden niets van doen hebben met de heidenen, die ze 'honden' noemden. En opnieuw was het Paulus aan wie ook *'het geheimenis der heidenen'* werd geopenbaard, namelijk dat de heidenen mede-erfgenamen zouden worden met het gelovige deel van Israël. Hij werd door zijn Joodse volksgenoten bijna gelyncht toen Hij zei dat God hem geroepen had om het heil aan de heidenen te verkondigen. Maar aan ons, als gelovigen in Christus, is het geheimenis door Paulus bekend gemaakt. En nu de bedekking in Christus is weggenomen, zien we ineens in het Oude Testament allerlei schaduwbeelden en parallellen, die ons het geheimenis van de gemeente doen begrijpen. En ditzelfde geldt ook voor *'het geheimenis van de Opname'*.

Opnames in de Bijbel

In de Bijbel, zowel in het Oude- als in het Nieuwe Testament, zijn zeker geschiedenissen aan te wijzen, die ons nog meer inzicht geven in het geheimenis van de

Opname, een geheimenis dat God eeuwenlang verborgen heeft gehouden en dat Hij nu, door Paulus, in Zijn Woord aan ons bekend heeft gemaakt. We noemen ze in chronologische volgorde.

1. Henoch (Genesis 5:24; Hebr. 11:5)
2. Elia (2 Koningen 2: 11)
3. Jezus (Handelingen 1:9-11)
4. Filippus (Handelingen 8:39-40)
5. Paulus (2 Corinthiërs 12:4)
6. De bruidsgemeente (1 Thess. 4:16-17 en 1 Cor. 15:1)
7. De twee getuigen (Openbaring 11:12)

Er komen zeven Opnames voor in Gods Woord

Nu is het niet de intentie van dit boek diep op al deze geschiedenissen in te gaan, maar wel zullen we ze kort de revue laten passeren om uit elk ervan een uniek aspect van de Opname te leren kennen. Uit het feit dat het verschijnsel van de Opname zelfs zeven keer in de Bijbel voorkomt, kunnen we wel met zekerheid afleiden dat dit een bijbels gegeven is en zeker niet het waanidee van iemand uit de negentiende eeuw. Immers, zowel in het Oude als in het Nieuwe Testament getuigt Gods Woord van deze spectaculaire gebeurtenissen.

Elk van de genoemde geschiedenissen werpt een uniek licht op de *'harpazo'*, een gebeuren dat ook ons te beurt zal vallen als we blijven volharden in de verwachting van Zijn komst. Daarom wil ik u aansporen de genoemde tekstgedeelten zelf op te zoeken en te lezen om daarin te zien hoe dit geheimenis al op verborgen wijze aanwezig was in Gods Woord en hoe wij daardoor geholpen worden beter te begrijpen wat een wonderbaarlijke gebeurtenis ons te wachten staat.

Hoofdstuk 2

Opnames in de Bijbel

'Zie, ik deel u ***een geheimenis*** *mede. Allen zullen wij niet ontslapen, maar allen zullen wij* ***veranderd*** *worden, in een* ***ondeelbaar ogenblik****, bij de* ***laatste bazuin****, want de bazuin zal klinken en de doden zullen onvergankelijk opgewekt worden en wij zullen* ***veranderd*** *worden.' (1 Corinthiërs 15:51-52)*

1. De Opname van Henoch

We weten niet veel van Henoch, maar wel dat hij ten opzichte van zijn tijdsgenoten en van de andere aartsvaders een uitzonderlijk man was. Hij wandelde met God! Dat wordt met nadruk gezegd en dat klinkt ook door in zijn naam, die zoveel betekent als *toegewijd*. Hij wordt slechts vijf keer genoemd in het boek Genesis en nog twee keer in het Nieuwe Testament.

'Toen Henoch vijfenzestig jaar geleefd had, verwekte hij Metuselach. En Henoch wandelde met God, nadat hij Metuselach verwekt had, driehonderd jaar, en hij verwekte zonen en dochteren. Zo waren al de dagen van Henoch driehonderd vijfenzestig jaar. En Henoch wandelde met God, en hij was niet meer, want God had hem ***opgenomen****.' (Genesis 5:21-24)*

Zowel in het Hebreeuwse Oude Testament als de Hebreeuwse vertaling van het Nieuwe Testament gebruiken het woord *'laqach'* dat wij vertalen met 'nemen'. De term *'opgenomen'* heeft volgens de Strongs concordantie de betekenis van: *wegnemen, meenemen, uitnemen, wegbrengen, in bezit nemen, ten huwelijk nemen, opnemen, grijpen, bemachtigen, voeren, veroveren, zich meester maken van, meegenomen worden door, verwijderd worden, uitgenomen worden, geroofd, gestolen, gevangen genomen worden*, en nog meer van dergelijke synoniemen. Als iemand zegt: "maar dit is het Oude Testament", dan wil ik wijzen op het feit dat de Opname van Henoch in het Nieuwe Testament wordt bevestigd.

'Door het geloof is Henoch ***weggenomen,*** *zodat hij de dood niet zag, en hij werd niet meer gevonden, want God had*

> *hem* ***weggenomen****. Want vóórdat hij werd* ***weggenomen****, is van hem getuigd, dat hij Gode welgevallig was geweest.' (Hebreeën 11:5)*

In het Nieuwe Testament (Grieks) heeft het woord *'wegnemen'* de betekenis van: *verplaatsen, overbrengen naar, veranderen, omzetten naar, overgaan.*

Deze woorden hebben in het O.T. dus in wezen dezelfde betekenis als in het N.T. Henoch was opgenomen, zo staat er. Hij was niet meer! Er waren overigens geen ooggetuigen van zijn Opname. Wel weten we dat hij God welgevallig was en dat hij met God wandelde. Dat is ook de belangrijkste les voor ons: als we willen dat God ons wegvoert, moeten we voor Hem leven en met Hem wandelen. Verder wordt Henoch nog genoemd in de brief van Judas.

> *'Ook over hen (de goddelozen) heeft Henoch,* ***de zevende van Adam af*** *geprofeteerd, zeggende: Zie,* ***de Here is gekomen met zijn heilige tienduizenden****, om over allen de vierschaar te spannen en* ***alle goddelozen te straffen*** *voor al hun* ***goddeloze werken****, die zij* ***goddeloos bedreven hebben****, en voor al de harde taal, die de* ***goddeloze zondaars tegen Hem gesproken hebben****.' (Judas 1:14-15)*

Henoch was *de zevende van Adam af*. Een opmerkelijke vermelding om iemands identiteit aan te geven. In plaats van het gebruikelijke *'Henoch, de zoon van Jered'*, schreef Judas: *'Henoch, de zevende van Adam af'*. Die afwijkende aanduiding heeft een profetische betekenis, want zoals Henoch (de 7^{e}) werd weggenomen *vóór* de zondvloed, die de aarde verwoestte, ten tijde van Noach (de 8^{e}), zo geloof ik dat het ook zal gaan met de gemeente.

Openbaring spreekt over zeven gemeenten. Er is geen achtste. En na *de zevende gemeente* wordt *de gemeente* ook niet meer genoemd in het boek Openbaring, omdat deze, net als Henoch, *vóór het* oordeel wordt weggenomen. En zo is het verhaal van Henoch een prachtig beeld van de Opname, die *vóór* de uitstorting van Gods toorn over de *goddelozen* zal plaatsvinden. Henoch zelf heeft hier nogal duidelijk over geprofeteerd, zoals dit ook op veel plaatsen in het Nieuwe Testament wordt bevestigd. Maar daar kom ik in een volgend hoofdstuk nog op terug.

Goddelozen worden gestraft voor hun goddeloze werken die zij goddeloos bedreven hebben

Henoch's meest gezegende ervaring wordt op zekere dag ook onze meest gezegende ervaring. Want wat is onze uiteindelijke bestemming? *'Opdat ook gij zijn moogt, waar Ik ben.'* En *'zó zullen wij altijd met de Here wezen.'* Wat een heerlijke toekomst wacht ons! Voor eeuwig met Jezus! Kunt u zich dat indenken? Waar Christus staat, staat Zijn Bruid; waar Hij gaat, gaat ook de Gemeente. Wat een gezegende positie!

Samenvatting

Henoch is de zevende generatie na Adam
Henoch behaagde God en wandelde met Hem
Henoch werd om die reden opgenomen
Henoch profeteerde over Gods toorn over de goddelozen
Henoch is een typebeeld van de bruidsgemeente

2. De Opname van Elia

De volgende *'harpazo'* in het Oude Testament betreft Elia. Zijn naam betekent: *'Jahweh is mijn God'*. Iedereen kent het verhaal van Elia die in een vurige wagen ten hemel werd opgenomen. We lezen daarover:

> *'Wat zal ik voor u doen, eer ik van u word* ***weggenomen****? En Elisa zei: Zo moge dan een dubbel deel van uw geest op mij zijn. En Elia zei: Gij hebt een moeilijke zaak gewenst. Indien gij mij zult zien, terwijl ik van u word* ***weggenomen****, dan zal het u aldus geschieden. Maar indien niet, dan zal het niet geschieden. En, terwijl zij voortgingen, al wandelende en sprekende, zie, een vurige wagen en vurige paarden! en die maakten scheiding tussen hen beiden. Alzo* ***voer*** *Elia in een* ***storm ten hemel****.' (2 Koningen 2:9-11)*

Exact dezelfde term voor *'weggenomen'* die in het tekstgedeelte van Henoch wordt gebruikt, vinden we ook in deze tekst. Het gaat opnieuw om een Opname. Er staat met nadruk dat Elia *'ten hemel voer'*. Het was dus niet alleen maar een luchtreisje. Dat was wel wat men aanvankelijk dacht toen Elisa alleen terugkwam, want ze gingen Elia zoeken. Uit de volgende teksten blijkt dat men wel iets wist van dit fenomeen.

> *'Nu moest het eens gebeuren, terwijl ik van u wegga, dat de Geest des Heren u* ***wegnam****, ik weet niet waarheen.'*
> *(1 Koningen 18:12a)*

> *'Het geschiedde, toen de Here Elia in* ***een storm ten hemel zou opnemen****, dat Elia met Elisa uit Gilgal ging.'*
> *(2 Koningen 2:1)*

*'De profeten van Betel vroegen Elisa: Weet gij, dat de Here heden uw heer boven uw hoofd zal **wegnemen**?' (2 Koningen 2:3)*

*'De profeten van Jericho vroegen Elisa: Weet gij, dat de Here heden uw heer **boven uw hoofd zal wegnemen**? En hij antwoordde: Ook ik weet het, zwijgt stil.' (2 Koningen 2:5)*

*'Zie toch, er zijn onder uw knechten vijftig kloeke mannen; laat hen toch uw heer gaan zoeken, of niet misschien de Geest des Heren hem heeft **opgenomen** en op een van de bergen of in een van de dalen heeft neergeworpen.' (2 Koningen 2:16)*

In al deze teksten wordt hetzelfde woord *'opgenomen'* gebruikt als bij Henoch. Blijkbaar waren velen destijds op de hoogte van een mogelijke Opname zoals: Obadja, Elia en Elisa zelf, maar ook de profeten van Bethel, Jericho en vele anderen. Het verschijnsel *Opname* is dus geen hersenspinsel van een paar zweverige types. Of je moet deze Schriftplaatsen verwerpen, die de basis vormen van onze overtuiging.

De Opname is geen hersenspinsel
van een paar zweverige types

We lezen dat Elia tijdens een storm, ofwel een wervelvind, in een vurige wagen met paarden ten hemel werd opgenomen. Omdat sommige profeten dachten dat God hem misschien weer ergens in een dal had neergeworpen, wilden ze vijftig man er op uit sturen om hem gaan zoeken, hoewel Elisa zei: "*Zendt ze niet!*" De zoektocht van drie dagen die volgde, was tevergeefs, ze vonden niets, want God had hem *opgenomen*, namelijk in de hemelse heerlijkheid.

En vandaar zou Elia eeuwen later opnieuw verschijnen, samen met Mozes, op de berg der verheerlijking (Mattheüs 17:3). Velen geloven dan ook dat Elia opnieuw een rol zal spelen in de eindtijd. Maar daar zullen we nu verder niet op ingaan. Wel is het duidelijk dat er in het leven van Elia sprake was van een '*Opname*'.

Samenvatting

Elia werd tijdens een storm opgenomen in een vurige wagen
Elia werd gezien door Elisa tijdens de Opname
Elia bleef in de hemel tot hij opnieuw gezien werd met Jezus
Elia zal mogelijk nog een rol spelen in de eindtijd
Elia was een mens zoals wij, het kan ook ons overkomen

3. De Opname van Jezus

> *'De Here Jezus dan werd, nadat Hij tot hen gesproken had,* ***opgenomen in de hemel*** *en heeft Zich gezet aan de rechterhand Gods.' (Marcus 16:19)*

> *'En het geschiedde, terwijl Hij hen zegende, dat Hij van hen* ***scheidde****.' (Lukas 24:51)*

> *'En nadat Hij dit gesproken had, werd Hij* ***opgenomen****, terwijl zij het zagen, en een wolk onttrok Hem aan hun ogen. En toen zij naar de hemel staarden, terwijl Hij* ***heenvoer****, zie, twee mannen in witte klederen stonden bij hen, die ook zeiden: Galileese mannen, wat staat gij daar en ziet op naar de hemel? Deze Jezus, die van u* ***opgenomen is naar de hemel****, zal op* ***dezelfde wijze wederkomen****, als gij Hem ten hemel hebt zien varen.' (Handelingen 1:9-11)*

Jezus was de eerste in het Nieuwe Testament die een hemelvaart ten deel viel. Hij werd opnieuw in de hemel opgenomen, waaruit Hij was neergedaald. Zijn hemelvaart werd door een groot aantal van zijn discipelen waargenomen. Het gebeuren voltrok zich dus niet in een ondeelbaar ogenblik, zoals dat met ons wel het geval zal zijn. Ze zagen Hem opvaren, totdat een wolk Hem aan hun oog onttrok. Jezus is nu in de heerlijkheid, maar Hij komt terug. Twee mannen in witte klederen (engelen) stonden erbij en zeiden: *"Deze Jezus, die van u* ***opgenomen is naar de hemel,*** *zal op* ***dezelfde wijze wederkomen****, als gij Hem ten hemel hebt zien varen."* In deze tekst zit veel verborgen.

Zoals Jezus opgevaren is, zo zal Hij terugkomen

De enigen die Hem toen zagen, waren gelovigen. Omdat de engelen, die bij hen stonden, zeiden dat Hij *op dezelfde wijze* zou wederkeren, geloof ik dat het in eerste instantie eveneens alleen gelovigen zullen zijn die Hem zullen zien komen. Het *laatste* wat deze gelovigen van Hem zagen was dat een wolk Hem aan hun oog onttrok. Het *eerste* wat wij weer van Hem zien is dat we Hem tegemoet gaan in de lucht. Gods Woord zegt immers dat Hij op de wolken komt en dat wij Hem tegemoet zullen gaan in de lucht. Dat is dus het omgekeerde van de wijze waarop Hij opgevaren is; zo zal Hij dus ook wederkomen.

Die ontmoeting in de lucht moet uiteraard plaatsvinden, voordat Hij zijn voeten weer op de Olijfberg zet, vanwaar Hij was opgevaren. Wanneer Jezus zijn voeten na bijna 2000 jaar opnieuw op de Olijfberg zet, zal dit tot de vervulling leiden van de profetieën uit Zacharia 14. Die twee zaken hangen nauw met elkaar samen; we komen daar later nog op terug.

De ontmoeting van de gelovigen met de Here Jezus in de lucht is dan ook nog niet de wederkomst voor de wereld, maar alleen voor hen die Hem verwachten om met Hem verenigd te worden. Dat is de *'harpazo'* voor Zijn Bruid.

Samenvatting

Jezus voer op naar de hemel
Jezus werd alleen door gelovigen gezien tijdens zijn hemelvaart
Jezus zal op dezelfde wijze terugkomen als Hij is opgevaren
Jezus zal alleen door de Bruid, de gelovigen, worden gezien
Jezus zal dan de gemeente wegvoeren, ontvoeren, opnemen

4. De Opname van Filippus

> *'En toen zij uit het water gekomen waren,* ***nam de Geest des Heren Filippus weg*** *en de kamerling zag hem niet meer, want hij ging zijn weg met blijdschap. Maar Filippus bleek te Asdod te zijn.' (Handelingen 8:39-40a)*

In dit tekstgedeelte wordt opnieuw het woord 'harpazo' gebruikt, d.w.z. *met geweld wegnemen, snel grijpen en meenemen, wegroven, enz.* De man die door Filippus gedoopt was, zag hem niet meer. Plotseling was hij verdwenen. Waar was hij? Filippus had plotseling een reis door de ruimte en de tijd gemaakt en werd bijna vijftig kilometer verderop weer gespot in Asdod. Wow! Een heel bijzondere ervaring. Het gaat hier duidelijk niet over een geestelijke ervaring, maar een fysieke verplaatsing door tijd en ruimte.

Filippus werd niet, zoals Elia en Jezus, in de hemel opgenomen, maar toch is hij door God in een 'harpazo' weggevoerd naar een andere plaats. Ik ken enkele verhalen van mensen die dit ook hebben meegemaakt. Maar omdat die verhalen niet of moeilijk te verifiëren zijn, laat ik ze achterwege. Persoonlijk twijfel ik er overigens niet aan, want als God dit met Filippus kon doen, kan Hij het in deze tijd ook met ons doen. En er zal zeker een dag komen dat God dit met Zijn gemeente zal doen, zoals Hij dit als een geheimenis aan de apostel Paulus bekend heeft gemaakt. Paulus had trouwens zelf ook een 'harpazo'-ervaring, zoals we zullen zien.

Samenvatting

Filippus werd op bovennatuurlijke wijze weggevoerd
Filippus werd niet meer gezien door de kamerling
Filippus werd niet in de hemel opgenomen zoals Elia
Filippus is een man zoals wij, het kan ons dus ook overkomen

5. De Opname van Paulus

> *'En ik weet van die persoon - of het in het lichaam of buiten het lichaam was, weet ik niet, God weet het -* ***dat hij weggevoerd werd*** *naar het paradijs en onuitsprekelijke woorden gehoord heeft, die het een mens niet geoorloofd is uit te spreken.'* (2 Corinthiërs 12:3-4)

Opnieuw wordt ook in deze tekst het woord *'harpazo'* gebruikt, dat tevens de betekenis heeft van *'weggegrist worden'* en soms ook wordt vetaalt met *'voor jezelf claimen'*. Hiet zit de mooie gedachte achter dat Jezus komt om Zijn Bruid te halen en haar voor Zichzelf op te eisen. Bijzonder in Paulus' verhaal is dat hij niet kan zeggen of hij lichamelijk werd weggevoerd of alleen in de geest. Blijkbaar was zijn ervaring zo reëel voor Paulus dat hij niet kon beoordelen of het *in* of *buiten* het lichaam gebeurde. Het was dus zeker geen droom of visioen waaruit hij ontwaakte. Het gebeurde echt. Iemand vertelde mij dat hij ook een dergelijke ervaring had. Zijn verhaal laat zien dat God deze dingen ook in deze tijd nog doet.

"Ik werd plotseling weggevoerd naar een grote stad, naar een kruispunt waar een ongeluk had plaatsgevonden. Een man lag voor dood op de grond en werd net een ambulance in gedragen. Ik hoorde de geluiden van de stad, rook de benzinelucht, voelde de lome warmte van die dag en zag hoe mensen stilstonden te kijken naar het ongeval. Plotseling sprak een stem, en ik wist dat het Gods Geest was: "Ga naar die man toe en spreek leven over hem uit!" Ik schrok ervan en vond het ook gênant. Ik dacht nog, ze zullen me wegsturen, ze willen vast geen pottenkijkers. Schromend liep ik de ambulance in. Ik hoorde de artsen tegen elkaar zeggen: "Ik zie geen hartslag meer, we zijn te laat." Ik dacht: "Wat moet ik hier dan nog?" Maar God had al gezegd dat ik leven moest uitspreken. Ik begon zachtjes te bidden, omdat ik bang was dat ik weggestuurd zou worden. Maar het leek alsof ze mij niet hoorden. Het leek of ze mijn aanwezigheid zelfs niet opmerkten. Terwijl ik leven over de man uitsprak, begon de monitor te reageren. Een van de artsen zei nog verbaasd: "Hé, ik zie weer een hartslag." Terwijl de man weer bijkwam, snelde de ambulance weg, waardoor ik bijna omviel. En zo plotseling als ik was weggevoerd om te bidden voor deze verongelukte man in een ander land, werd ik ook weer teruggevoerd. De ervaring was zo reëel dat ik niet kan zeggen of ik in mijn lichaam was weggevoerd of alleen in mijn geest. Het feit dat het leek of de artsen mij niet opmerkten en hoorden, doet mij vermoeden dat ik alleen in mijn

geest ben weggevoerd, maar voor mijn beleving was ik er gewoon fysiek aanwezig. Net als Paulus moet ik zeggen: of het dus in het lichaam of buiten mijn lichaam was weet ik niet, maar het was beslist een bijzondere ervaring.
Tot zover dit bijzondere verhaal.

> Wat Filippus en Paulus overkwam,
> kan ons ook gebeuren

Hieruit zien we dat God het ook in deze tijd nog kan doen. Paulus echter werd weggevoerd naar het Paradijs, terwijl deze man naar een andere stad werd weggevoerd. Maar dat het een *'harpazo'*-ervaring was, is zeker. Wat Filippus en Paulus overkwam, zou ons dus net zo goed kunnen overkomen.

Samenvatting

Paulus werd weggevoerd naar het paradijs
Paulus hoorde onuitsprekelijke woorden
Paulus wist niet of het *in* of *buiten* het lichaam was
Paulus mocht hierover niet spreken

6. De Opname van de Bruidsgemeente

'Want de Here Zelf zal op een teken, bij het roepen van een aartsengel en bij het geklank ener bazuin Gods, nederdalen van de hemel, en zij, die in Christus gestorven zijn, zullen het eerst opstaan; daarna zullen wij, levenden, die achterbleven, samen met hen op de wolken ***in een oogwenk weggevoerd worden****, de Here tegemoet in de lucht, en zó zullen wij altijd met de Here wezen.' (1 Thessalonicenzen 4:16-17)*

*'Zie, ik deel u **een geheimenis** mede. Allen zullen wij niet ontslapen, maar allen zullen wij **veranderd** worden, in een **ondeelbaar ogenblik**, bij de **laatste bazuin**, want de bazuin zal klinken en de doden zullen onvergankelijk opgewekt worden en wij zullen **veranderd** worden.'*
(1 Corinthiërs 15:51-52)

Deze teksten spreken over één en dezelfde gebeurtenis: over het geheimenis van de opstanding van hen die in Christus gestorven zijn en die dan samen met de levende gelovigen die op aarde zijn, in een ondeelbaar ogenblik worden weggevoerd, de Here tegemoet in de lucht - de Opname. Ook hier wordt het woord *'harpazo'*, wegvoering, gebruikt. Omdat deze *'harpazo'* onszelf betreft en nog in de toekomst ligt, zijn deze teksten heel belangrijk voor ons. We zullen er dan in een later stadium ook nog wel dieper op ingaan. Voor nu is het belangrijk om te zien dat dit één van de zeven genoemde Opnames is in het Woord van God. Dat zijn dus genoeg bijbelse getuigenissen om van een betrouwbare bijbelse waarheid te kunnen spreken.

Samenvatting

De Opname van de gemeente is een geheimenis
De gemeente wordt in een ondeelbaar ogenblik weggevoerd
De gemeente zal in een oogwenk getransformeerd worden
De gemeente zal verenigd worden met God en met elkaar

De gemeente zal voortaan altijd bij de Here zijn.

7. De Opname van de twee getuigen

*'En na drie en een halve dag voer een levensgeest uit God in hen, en zij gingen op hun voeten staan en grote vrees viel op allen, die hen aanschouwden. En zij hoorden een luide stem uit de hemel tot hen zeggen: **Klimt hierheen op!** En zij **klommen** naar de hemel op in de wolk, en hun vijanden aanschouwden hen.' (Openbaring 11:11-12)*

Opstanding en Opname

Het bovenstaande betreft de twee getuigen, die in de eindtijd een bijzondere rol zullen vervullen en uiteindelijk door de antichrist in Jeruzalem zullen worden gedood. Na drie dagen worden ze *opgewekt* uit de dood, waarna ze worden *opgenomen* in de hemel. In de Griekse grondtekst wordt hier het woord *'anabaino'* gebruikt, dat de betekenis heeft van: opklimmen, opstijgen, omhooggaan, opgaan, omhoog gedragen worden. In wezen heeft het dezelfde betekenis als *opgenomen worden*, het gebeurt alleen niet in een ondeelbaar ogenblik. Zowel de *opstanding* uit de dood na drie en een halve dag als hun *hemelvaart* wordt door velen aanschouwd. God toont aan een vijandige wereld, die deze twee dienstknechten van God het zwijgen heeft opgelegd, dat Hij het laatste woord heeft en dat Hij de Opstanding en het Leven is. Grote vrees valt dan ook op allen die hun *opstanding* en *Opname* aanschouwen. Ook deze Opname ligt uiteraard nog in de toekomst.

Samenvatting

De twee getuigen worden door de antichrist *gedood*
De twee getuigen zullen na drie dagen worden *opgewekt*
De twee getuigen zullen in de hemel worden *opgenomen*

Nu we de zeven opnames op een rijtje hebben gezet, moet het elke lezer duidelijk zijn, dat de 'zogenoemde' leer van de *Opname* geen verzinsel is uit 1800, maar dat dit geheimenis wel degelijk terug te vinden is in Gods Woord. Immers, op grond van twee of drie getuigen staat een zaak vast. En, zoals hiervoor genoemd, we kunnen uit Gods Woord zelfs zeven episoden aanwijzen die de Opname bevestigen. Het is dus een bijbels gegeven. En die aanhalingen komen dus niet alleen uit het Nieuwe Testament, maar ook uit het Oude. *Henoch*, *Elia* en *Jezus* werden in de hemel opgenomen. *Filippus* en *Paulus* keerden terug in hun lichaam. Wat de laatste twee opnames betreft, *de gemeente* en *de twee getuigen* - deze liggen nog in de toekomst. De twee getuigen spelen met name een rol in de eindtijd, tijdens de grote verdrukking en ze spelen een speciale rol met betrekking tot Israël. Maar de zesde *Opname*, de eerstvolgende die zal plaatsvinden, betreft de *bruidsgemeente* en dat gaat ons dus aan.

De vraag is niet *of* er een Opname komt,
maar *wanneer* de Opname komt

De ultieme vraag is nu niet langer *of* het wel gaat gebeuren, maar *wanneer* het gaat gebeuren. Want als de eerste vijf opnames allemaal hebben plaatsgevonden en dit ook in de Schrift bevestigd is, dan ligt het in de lijn der verwachting dat de laatste twee eveneens letterlijk in vervulling zullen gaan. Maar de vraag wanneer het gaat gebeuren, laten we nog even rusten.

Zal Ik nog geloof vinden?

Nog belangrijker dan de vraag wanneer de Opname komt, is de vraag: geloof je in het mysterie, het geheimenis, de verborgenheid, waar Paulus over schrijft? Geloof je dat Jezus zal komen om de Zijnen op te halen als een dief in de nacht? En verwacht je Jezus tegemoet te gaan in de lucht, zoals Paulus zegt? Of trek je Gods Woord in twijfel, omdat het al zo lang duurt en het bovendien je gezonde verstand te boven gaat? Als dat zo is, lijk je op de mensen waarvan Jezus zegt: *"Als de Zoon des mensen komt, zal Hij dan het geloof vinden op aarde?" (Lukas 18:8)*. Het is niet voor niets dat Jezus ons voortdurend aanspoort om Hem te blijven verwachten, zodat Hij ons zal bewaren voor de ure der verzoeking die over de hele aarde zal komen. Je kunt je daarom terecht afvragen of je wel deel hebt aan de Opname als je er helemaal niet in gelooft en dus ook niet leeft in die verwachting.

Als je niet gelooft in de Opname
zal je dan toch worden opgenomen?

Wellicht ben je opgegroeid in een kerk waar dit niet wordt geloofd en weet je niet beter. Misschien ben je zelfs door anderen beïnvloed om te denken dat geloof in de Opname grote onzin is. Dan hoop ik oprecht dat je door het lezen van dit hoofdstuk tot een ander inzicht zult komen. Ik bid dat je ogen er voor open zijn gegaan dat de Bijbel wel degelijk een vaste grondslag biedt om te geloven in de Opname. Ik hoop dan ook dat je dit boek niet aan de kant legt, omdat het je doet twijfelen aan wat je tot nog toe geloofd hebt. Ik daag je uit om door te lezen en alles wat je tegenkomt te toetsen aan Gods Woord. Niet mijn kerkelijke opvoeding of persoonlijke overtuiging, maar Gods

Woord is immers de hoogste autoriteit voor ons geloof - het geloof komt door het horen en het horen door Gods Woord.

In de volgende hoofdstukken zullen we Gods Woord dan ook vooral aan het woord laten, zodat je een vast en onwankelbaar fundament voor je geloof kunt vinden. Dat zal je in staat stellen om met verwachting uit te zien naar het meest spectaculaire moment in onze wandel met God, namelijk onze vereniging met Hem in de lucht, om voortaan voor altijd met Hem te zijn en te blijven. Laten we daarom verder gaan met onze ontdekkingstocht naar de waarheid die vrijmaakt.

Hoofdstuk 3

Gods mysteries

*'Zie, ik deel u een **geheimenis** mede. Allen zullen wij niet ontslapen, maar allen zullen wij veranderd worden, in een ondeelbaar ogenblik, bij de laatste bazuin, want de bazuin zal klinken en de doden zullen onvergankelijk opgewekt worden en wij zullen veranderd worden. Want dit vergankelijke moet onvergankelijkheid aandoen en dit sterfelijke moet onsterfelijkheid aandoen.' (1 Corinthiërs 15:51-53)*

Gods mysteries

Het probleem van de Westerse mens is dat hij Grieks denkt, terwijl de Bijbel gestoeld is op het Hebreeuwse denken. Met dit Griekse denken bedoel ik dat we vaak analytisch, rationeel en zakelijk zijn ingesteld. We denken te veel in zwart-wit. Nu zijn er zeker zaken in de Bijbel die zwart-wit zijn. Licht en duisternis hebben niets gemeen en zijn voor altijd onverenigbaar. Die vaststaande tegenstellingen zijn onveranderlijk en eeuwig. Maar dat betekent nog niet dat we alles maar kunnen indelen in zwart en wit. Het analytisch denken heeft ook zo zijn keerzijde. Want als ik gelijk heb dan moet de ander het wel bij het verkeerde eind hebben of andersom. Zo blijft er weinig ruimte voor overdenking en dialoog. Dan is er geen ruimte voor verandering, omdat we te statisch, te analytisch, te rationeel denken. Hier volgt een praktisch voorbeeld.

De bioloog

We kijken naar twee mannen die in het bos wandelen, een bioloog en een kunstenaar. De bioloog ziet een zeldzame bloem, waarvan gezegd wordt dat hij bijzondere geneeskrachtige eigenschappen heeft. Hij doet zijn steriele handschoenen aan, pakt zijn steriele mes en snijdt de bloem met stengel en al af, legt hem in zijn steriele doosje en gaat naar zijn laboratorium. Daar bestudeert hij de plant onder de microscoop, ontleedt de bloem, neemt puncties van alle delen en stopt ze in zijn geavanceerde analysator en leest de data af van zijn beeldscherm - zoveel aminozuren, zoveel zouten, mineralen, vitaminen, vezels, zuren, vetten, etc. Inderdaad een zeer bijzondere plant, vol met geneeskrachtige stoffen. Maar om dit alles te ontdekken moest de bloem in kwestie wel sterven. Nu zeg ik niet dat dit analytisch denken geheel waardeloos is, maar het gaat wel vaak ten koste van het leven zelf.

De kunstenaar

Maar daar gaat ook de kunstenaar. Hij loopt in het bos en ziet dezelfde bloem. Gefascineerd bekijkt hij de bloem van alle kanten. Hij gaat naast de bloem op de grond liggen, kijkt bijna tegen de onderkant van de bladeren aan en ziet daar de fijnste adertjes lopen, waar het zachte zonlicht net nog niet doorheen schijnt. Een zuchtje wind wiegt de bloem heen en weer, waardoor grillige schaduwvormen zachtjes over het gras eronder heen en weer glijden. Een zoet-frisse geur dringt tot hem door en hij beseft dat dit het geschenk van deze bloem is. Terwijl hij daar zo ligt te mijmeren, ziet hij hoe een lieveheersbeestje rustig langs de harige stengel omhoogklimt en met de bloem mee wiegt in de wind. In stille bewondering neemt de kunstenaar de bloem in zich op, dankbaar voor zoiets simpels en zoiets onuitsprekelijk moois. Rustig staat hij op en loopt naar huis met in zijn hart een schitterende impressie, terwijl de bloem in stilte onaangeroerd verder leeft.

Jij moet je hart voor God openen en
Hij moet je ogen voor Zijn geheimen openen

Analyse of conceptie

Ziet u het verschil? Het is het verschil tussen analyse en conceptie, tussen rationele verklaringen en stille bewondering. Nu zijn er harde waarheden in Gods Woord waar nooit aan getornd mag worden, maar er zijn ook grote geheimen en mysteries die onze bewondering afdwingen. Die mysteries ontsluiten hun geheimen pas aan ons als we willen worden als een kind. Want God heeft deze zaken voor wijzen en verstandigen verborgen gehouden maar aan Zijn kinderen geopenbaard (Lukas 10:21). Je kunt Gods geheimen dus nooit ontdekken met je verstand alleen. Jij moet je hart voor God openen en God moet je ogen voor Zijn geheimen openen. En dat wil Hij graag doen, want het heeft Hem behaagd ons het Koninkrijk te geven (Lukas 12:32). Laten we eens kijken welke geheimenissen God in Zijn Woord heeft opgetekend. Er zijn er misschien nog meer, maar deze heb ik gevonden.

Gods geheimenissen

Het geheimenis van het Koninkrijk Gods (Mark 4:11)
Het geheimenis van de wetteloosheid (2 Thessalonicenzen 2:7)
Het geheimenis des geloofs (1 Timotheüs 3:9)
Het geheimenis der godsvrucht (1 Titus 3:15)
Het geheimenis der zeven sterren (Openbaring 1:20)
Het geheimenis van God (Openbaring 10:7)
Het geheimenis van het grote Babylon (Openbaring 17:5-7)
Het geheimenis van de wijsheid Gods (1 Corinthiërs 2:7)
Het geheimenis van de Opname (1 Corinthiërs 15:51)
Het geheimenis van Gods wil (Efeziërs 1:9)
Het geheimenis der heidenen (Efeziërs 3:1-6)

Deze geheimen blijven voor velen een gesloten boek. Waarom? Omdat ze nooit hun hart voor God hebben geopend! Deze mensen zijn *ziende blind* en *horende doof*. Zelfs als je het hen uitlegt, dringt het niet tot hen door. Maar degenen die wél hun hart hebben geopend, hebben nodig dat God hun ogen opent. Dat was precies waarvoor Paulus bad, een gebed dat wij ook voor onszelf moeten bidden, zodat wij ook de geest van wijsheid en openbaring zouden krijgen om Hem recht te kennen.

> *'Daarom houd ook ik (...) niet op te danken, u gedenkende bij mijn gebeden, opdat de God van onze Here Jezus Christus, de Vader der heerlijkheid, u geve* ***de Geest van wijsheid en van openbaring om Hem recht te kennen**: **verlichte ogen uws harten**, zodat gij weet, welke hoop zijn roeping wekt, hoe rijk de heerlijkheid is zijner erfenis bij de heiligen.' (Efeze 1:15-18)*

Dit is het bijzondere van Gods mysteries. Je kunt hoog en laag springen, maar als God je ogen en je verstand niet opent, kun je *niets* van Hem ontdekken. Maar als je Hem liefhebt en met Hem wandelt, onthult Hij Zijn geheimen aan je hart. Nu hebben we een hele lijst van goddelijke geheimen opgesomd die allemaal interessant zijn, maar het is niet de bedoeling om al deze bijzondere geheimenissen te ontrafelen. We zullen onze aandacht dan ook uitsluitend richten op *het geheimenis van de Opname*. In het kader van dit boek verdient dit geheimenis onze onverdeelde aandacht.

Het geheimenis van de Opname

> *'Zie, ik deel u een* ***geheimenis*** *mede. Allen zullen wij niet ontslapen, maar allen zullen wij veranderd worden, in een ondeelbaar ogenblik, bij de laatste bazuin, want de bazuin zal klinken en de doden zullen onvergankelijk opgewekt worden en wij zullen veranderd worden. Want dit vergankelijke moet onvergankelijkheid aandoen en dit sterfelijke moet onsterfelijkheid aandoen.' (1 Corinthiërs 15:51-53)*

Dit mysterie was eerst alleen bij God bekend, totdat God dit geheimenis aan Paulus bekend maakte, waarna Paulus de opdracht kreeg het aan ons, heidenen, bekend te maken.

'Mij, verreweg de geringste van alle heiligen, is deze genade te beurt gevallen, aan de heidenen de onnaspeurlijke rijkdom van Christus te verkondigen, en in het licht te stellen wat ***de bediening van het geheimenis*** *inhoudt, dat van eeuwen her* ***verborgen is gebleven in God****, de Schepper van alle dingen.' (Efeze 3:8-9)*

Heil voor heidenen was voor Joden ondenkbaar, maar dit plan was altijd al in het hart van God

Het idee dat heidenen gered zouden kunnen worden, zou nooit in het hoofd van een Jood zijn opgekomen, maar het was altijd al in het hart van God. Toen Paulus dit heilsgeheim wereldkundig begon te maken, werd hij in eerste instantie door de Joden als een ketter gezien. Hoe haalde hij het überhaupt in zijn hoofd dat God heidenen deelgenoten en erfgenamen zou maken van het heil? Toch was dit altijd al Gods plan geweest, maar nu was de tijd aangebroken om dit geheim te openbaren. Ook Daniel kreeg een deel van deze eindtijd te zien, maar God had hem toen ook gezegd: ***"Deze dingen blijven verborgen en verzegeld tot de eindtijd"*** *(Daniel 12:9-10)*. En dit gold dus ook voor het geheimenis van de Opname, dat God eveneens eeuwenlang verborgen heeft gehouden, totdat Hij het in de volheid van de tijd aan Paulus bekend maakte. Misschien is dit wel een van de meest spectaculaire geheimen die de Bijbel kent, want het spreekt van:

1. Opstanding uit de dood van gestorven gelovigen
2. Levende gelovigen krijgen een onsterfelijk lichaam
3. Samen zullen ze Jezus tegemoet gaan in de lucht
4. Dit alles gebeurt in een fractie van een nano-seconde
5. Dan zullen ze allen tezamen voor altijd bij de Heer zijn

Als je nadenkt over de consequenties van dit mysterie dan duizelt het je, want dit gaat ons bevattingsvermogen verre te boven. Je kunt je er nauwelijks een voorstelling van maken, maar toch staat het zo in Gods Woord. Je zou bijna denken dat dit een scene uit een sciencefiction film is, met de meest spectaculaire speciale effecten die ze tegenwoordig digitaal kunnen maken. Het is gewoon te bizar dat dit echt zou kunnen gebeuren. Maar toch is dit wat Gods Woord ons zegt. En dan te bedenken dat wij wellicht de generatie zijn die dit hoogstpersoonlijk zal meemaken!

Geen wonder dat Paulus hier door geboeid was en er dan ook de nodige aandacht aan schonk in zijn brieven. En speciaal in de eerste brieven die hij schreef, waarvan historici zeggen dat de brief aan de Thessalonicenzen zijn eerste was. De brief zou geschreven zijn nadat hij uit Arabië terugkeerde, waar hij na zijn bekering lange tijd verbleef en waar hij vermoedelijk ook deze bijzondere openbaring van de Opname heeft ontvangen. Die brief laat zien waar Paulus vol van was, want elk hoofdstuk spreekt over de Opname van de gemeente.

'Want zelf verhalen zij (…) hoe gij u van de afgoden tot God bekeerd hebt, om de levende en waarachtige God te dienen, en ***uit de hemelen zijn Zoon te verwachten,*** *(…),* ***Jezus, die ons verlost van de komende toorn.'*** *(1 Thessalonicenzen 1:9-10)*

'Want wie is onze hoop of blijdschap of erekrans voor ***onze Here Jezus bij zijn komst*** *(…)?'*
(1 Thessalonicenzen 2:19)

'Zodat zij onberispelijk zijn (…) ***bij de komst van onze Here Jezus met al zijn heiligen.'***
(1 Thessalonicenzen 3:13)

'Want dit zeggen wij u met een woord des Heren: ***wij, levenden****, die achterblijven* ***tot de komst des Heren,*** *zullen in geen geval de ontslapenen voorgaan, want de Here zelf zal op een teken, bij het roepen van een aartsengel en bij het geklank ener bazuin Gods, nederdalen van de hemel, en zij, die in Christus gestorven zijn, zullen het eerst opstaan; daarna zullen* ***wij, levenden****, die achterbleven, samen met hen op de wolken* ***in een oogwenk weggevoerd worden, de Here tegemoet in de lucht****, en zó zullen wij altijd met de Here wezen.' (1 Thessalonicenzen 4:15-17)*

'Gij weet zelf zeer goed, dat ***de dag des Heren zó komt, als een dief in de nacht.'*** *(1 Thessalonicenzen 5:2)*

'God heeft ons niet gesteld tot toorn, maar ***tot het verkrijgen van zaligheid door onze Here Jezus Christus****, die voor ons gestorven is, opdat wij, hetzij wij waken, hetzij wij slapen, tezamen met Hem zouden leven.' (1 Thessalonicenzen 5:9-10)*

Paulus zag uit naar de Opname en wij verkeren in goed gezelschap als wij dat ook doen

Het is goed te zien dat Paulus op scherp was gezet door de overweldigende openbaring, dat de gelovigen in een punt des tijds, in een ondeelbaar ogenblik, opgewekt, getransformeerd en getransporteerd zouden worden. Zelf leefde hij dan ook in de verwachting van deze spectaculaire gebeurtenis, zoals wel blijkt uit de wijze waarop Paulus dit schrijft, want hij zegt tot twee keer toe: "*Wij levenden die achterblijven.*" Als je het woordje 'wij' gebruikt, sluit je jezelf daarbij in, want anders had Paulus wel geschreven: "*En zij, levenden, die dan achtergebleven zijn …*" Maar dat zegt hij niet, hij zegt 'wij' en sluit zichzelf daarbij dus in. Paulus leefde in de veronderstelling dat het elk ogenblik zou kunnen gebeuren en dat hij het persoonlijk zou meemaken.

Leven in verwachting

Het is duidelijk dat Paulus het *niet* heeft meegemaakt. Hij is in die verwachting gestorven en sindsdien zijn er al zo'n 2000 jaar verstreken. Je zou zeggen dat Paulus er helemaal naast zat. Qua tijdstip was dat zeker het geval, maar qua verwachting niet! Want zijn houding om Jezus te verwachten hield hem scherp, waakzaam, gefocust en op koers. Paulus' verwachting is mijns inziens de enige goede houding ten aanzien van het geheimenis van de Opname. Wat dat betreft, is Paulus mijn voorbeeld ter navolging.

Je verkeert in goed gezelschap als je Paulus daarin navolgt, zelfs al zou je de Opname niet persoonlijk meemaken en net als Paulus sterven zonder dit glorieus gebeuren te hebben gezien. Het is beter om in die verwachting te sterven zonder het te hebben gezien, dan zonder geloof in die verwachting te leven en het feest te missen.

Het is beter te sterven in geloof zonder te zien dan te leven zonder geloof en het te missen

'In (dat) geloof zijn deze allen gestorven, zonder de beloften verkregen te hebben; slechts uit de verte hebben zij die gezien en begroet, en zij hebben beleden, dat zij vreemdelingen en bijwoners waren op aarde.' (Hebreeën 11:13)

Zoals de profeten van oudsher in geloof hebben geleefd in de verwachting van Gods beloften en gestorven zijn zonder de vervulling ervan te hebben gezien, zo is ook Paulus gestorven in het geloof zonder de vervulling te hebben gezien. En zo zullen ook wij misschien de vervulling van bepaalde beloften niet zien, ook al leven we uit het geloof in die beloften. Maar dit alles verandert niets aan Gods beloften. En ook niet aan mijn geloof in die beloften. Gods Woord is 'ja' en 'amen'. Eens zal er een generatie komen, die wél de vervulling van deze belofte zal zien.

'Voorwaar, Ik zeg u: Er zijn sommigen onder degenen, die hier staan, die de dood voorzeker niet zullen smaken, voordat zij de Zoon des mensen hebben zien komen in zijn koninklijke waardigheid.' (Mattheüs 16:28)

Persoonlijk geloof ik dat *wij* die generatie zijn. Immers, er zijn al bijna 2000 jaar voorbijgegaan sinds Paulus dit geheimenis meedeelde en sinds Jezus beloofde dat Hij spoedig zou komen! Dat betekent dat elke dag ons één dag dichter bij de vervulling van die belofte brengt. Eens zal deze beloften niet langer profetie zijn, maar historie. Want profetie is onvervulde His-story en His-story is vervulde profetie. Ik kijk dan ook uit naar die dag en ik geloof dat ik het zal meemaken. Om die reden blijf ik Jezus' bevel bewaren om Hem te blijven verwachten, want Hij heeft gezegd: "Ik kom spoedig!"

> Profetie is onvervulde His-story
> en His-story is vervulde profetie

'Ik kom spoedig!'

Dit zijn Jezus' laatste woorden in de Bijbel en inmiddels zijn er bijna 2000 jaar verstreken. Heel begrijpelijk dat mensen vragen: "*Wat betekenen Zijn woorden? Het duurt nu al zo lang, wanneer gaat het dan gebeuren?" "Als dit spoedig is, hoe moeten we dit dan opvatten?"* Maar er zijn ook hele negatieve uitlatingen zoals: *"Waar blijft de belofte van Zijn komst, hè?" "Nee, Hij komt niet meer. Je bent gewoon je tijd aan het verdoen, want Hij komt echt niet terug!"* Of opmerkingen als: *"Spoedig, wat spoedig, dat kun je toch niet meer spoedig noemen!"* Sommigen hebben een andere oplossing bedacht en zeggen: *"Hij is al lang gekomen, in het jaar 70 na Christus, want Hij zei toch spoedig?"* Daarover zegt Petrus:

> *'Dit vooral moet gij weten, dat er in* ***de laatste dagen spotters met spotternij zullen komen****, die naar hun eigen begeerten wandelen, en zeggen:* ***Waar blijft de belofte van zijn komst?*** *Want sedert de vaderen ontslapen zijn, blijft alles zó, als het van het begin der schepping af geweest is. Want willens en wetens ontgaat hun, dat door het woord van God de hemelen er sedert lang geweest zijn en de aarde, die uit en door het water bestaat, waardoor de toenmalige wereld is vergaan, verzwolgen door het water. Maar de tegenwoordige hemelen en de aarde zijn door hetzelfde woord* ***als een schat weggelegd, ten vure bewaard*** *tegen* ***de dag van het oordeel en van de ondergang der goddeloze mensen****.' (2 Petrus 3:3-7)*

"Je gelooft in een illusie", zeggen ze. "Er is niets veranderd sinds het begin van de schepping." Daarbij vergeten ze gemakshalve dat de goddeloze wereld (ten tijde van Noach) door de zondvloed is vergaan. En Petrus zegt dat de huidige wereld op een dag door vuur zal worden vernietigd. Door het eerste oordeel ten tijde van Noach te ontkennen, wordt het komende oordeel niet tenietgedaan, ook al lijkt het misschien wel zo dat er sinds mensenheugenis niets veranderd is. Dat heeft namelijk een heel andere reden. Petrus zegt hierover:

'Doch dit ene mag u niet ontgaan, geliefden, dat ***één dag bij de Here is als duizend jaar*** *en* ***duizend jaar als één dag****. De Here talmt niet met de belofte, al zijn er, die aan talmen denken, maar Hij is lankmoedig jegens u, daar Hij niet wil, dat sommigen verloren gaan, doch dat allen tot bekering komen. Maar de dag des Heren zal komen als een dief. Op die dag zullen de hemelen met gedruis voorbijgaan en de elementen* ***door vuur vergaan****, en de aarde en de werken daarop zullen gevonden worden.' (2 Petrus 3:8-10)*

De reden dat het lang lijkt te duren voordat Jezus terugkomt, is omdat God niet wil dat sommigen verloren gaan

Petrus bevestigt voor de tweede keer dat de huidige wereld door vuur zal vergaan. Maar de reden dat het oordeel nog niet gekomen is, heeft te maken met de lankmoedigheid van God. Zijn geduld en verdraagzaamheid zijn door liefde ingegeven, omdat Hij niet wil dat sommigen verloren gaan. God hoopt dat allen tijdig tot bekering komen. Maar Zijn oordeel zal zeker komen en zelfs heel onverwachts: *"Als een dief in de nacht"*, zegt Petrus.

'Daar ***al deze dingen aldus vergaan****, hoedanig behoort gij dan te zijn in heilige wandel en godsvrucht, vol verwachting u spoedende* ***naar de komst van de dag Gods****, ter wille waarvan* ***de hemelen brandende zullen vergaan en de elementen in vuur zullen wegsmelten****.' (2 Petrus 3:11-12)*

Voor de derde en zelfs voor de vierde keer zegt Petrus dat deze wereld door vuur zal vergaan en dat we ons daarom in heilige wandel en godsvrucht moeten spoeden naar de komst van de dag Gods. Want het is ten gevolge van die *dag des oordeels* dat de huidige wereld door vuur zal vergaan. Dit is wellicht voor ons verstand net zo moeilijk te bevatten als destijds de boodschap van Noach voor zijn tijdgenoten. Die moeten gedacht hebben dat het Noach in z'n bol geslagen was – wie bouwt er nu zo'n grote boot op het droge? Maar toen op een dag, na ruim 120 jaar, de hemelsluizen openbraken en de toenmalige wereld door het water werd vernietigd, toen was het te laat! God had de deur van de ark gesloten, maar Hij had daar wel 120 jaar mee gewacht, zoals Petrus zei:

> *"... toen de **lankmoedigheid van God bleef afwachten** in de dagen van Noach, terwijl de ark gereedgemaakt werd." (1 Petrus 3:20)*

Maar toen de maat van de ongerechtigheid vol was, zei God: *"Mijn Geest zal niet in eeuwigheid twisten met de mens, omdat hij ook vlees is; doch zijn dagen zullen zijn honderdtwintig jaren" (Genesis 6:3)*. Ik wil hier wel een opmerking maken om verkeerde conclusies te voorkomen. De vernietiging van de aarde in de tijd van Noach betekende niet de vernietiging van de planeet aarde. Het gaat om de toenmalige wereld, de toenmalige wereldbevolking, cultuur etc. En voor het oordeel dat Petrus beschrijft, geldt hetzelfde. De planeet aarde zal niet vernietigd worden, maar de huidige wereld zoals wij die kennen, zal vernietigd worden. Daarna zal God het aangezicht van deze aarde vernieuwen en gedurende 1000 jaar regeren vanuit Jeruzalem, zoals reeds door vele profeten uit het Oude Testament is voorzegd.

> Dit wordt bevestigd door Petrus, als hij zegt dat *'**eén dag bij de Here is als duizend jaar** en **duizend jaar als één dag**.'*

En Jezus' eigen woorden: *'Breekt deze tempel af en* ***binnen drie dagen*** *zal Ik hem doen herrijzen'. Zoals ook Hosea bevestigt dat Hij ons '****na twee dagen zal doen herleven, ten derden dage*** *zal Hij ons oprichten.'* (Hosea 6:2)

De derde dag

Hoewel sommigen ontkennen dat deze woorden een profetische betekenis hebben, is het opvallend dat het verloop van de geschiedenis overeenkomst vertoont met de zeven scheppingsdagen. De eerste *vier dagen* van duizend jaar van Adam tot Christus, daarna *twee dagen* van duizend jaar van Christus tot op heden, en tenslotte *de zevende dag* van duizend jaar. Deze laatste spreekt van de goddelijke sabbat of rustdag voor de schepping, waarbij de aarde haar gouden eeuw zal beleven; Jezus zal 1000 jaar lang regeren vanuit Jeruzalem. Een sterke symboliek vinden we ook in het feit dat Jezus fysiek op *de derde dag* opstond, Jona zich *drie dagen* in het zeemonster bevond (Jezus noemt dit als teken), terwijl ook de bruiloft te Kana (verwijzing naar de bruiloft van het Lam) *op de derde dag* begon. Inmiddels leven wij in de overgangstijd van de zesde naar de zevende dag (sinds de schepping), ofwel van de tweede naar de derde dag (sinds Christus). En op *de derde dag* zal Hij ons doen herleven! We staan profetisch aan de vooravond van de derde dag, het millennium, waarin Jezus op aarde zal komen regeren in gerechtigheid.

> We leven aan de vooravond van de derde dag

Preteristen doen deze bijzondere parallellen af als toevallig en niet relevant, maar aan het voortgaand herstel van Israël zien we dat de tijd nabij is, dat de nacht vergevorderd is en de dageraad van de derde dag op het punt staat aan te breken. Dat brengt dan naar het woord van Petrus twee dingen met zich mee: Gods oordeel over deze goddeloze wereld en voor degenen die Jezus tot hun heil verwachten het heerlijke vooruitzicht van hun vereniging met Hem.

Wie Jezus verwachten,
ontvangen nieuwe kracht!

Verwachten

Dat is dan wel de voorwaarde: Jezus verwachten!

> *'Want '**wie De Here tot hun heil verwachten**, putten nieuwe kracht; zij varen op met vleugelen als arenden; zij lopen, maar worden niet moede; zij wandelen, maar worden niet mat' (Jesaja 40:31).*

In het volgende hoofdstuk gaan we kijken wat Jezus te zeggen heeft over dat 'verwachten'.

Hoofdstuk 4

Leven in verwachting

*'Want **wie de Here verwachten**, putten nieuwe kracht; zij varen op met vleugelen als arenden; zij lopen, maar worden niet moede; zij wandelen, maar worden niet mat.' (Jesaja 40:31)*

De Here verwachten

De verwachting waarover Jesaja hier spreekt, is veel meer dan een vaag gevoel van uitzien naar 'iets' of 'iemand'. Het gaat niet om het verwachten van een wonder, een oplossing, een antwoord, een meevaller of het winnen van een loterij. Deze verwachting is gericht op een persoon. En ook niet zomaar een persoon, maar de Here Jezus zelf! Want Jesaja profeteert heel gericht *"wie de Here verwachten"*. Bovendien is aan deze verwachting een prachtige belofte gekoppeld van *nieuwe kracht*, een hemels perspectief (*opvaren als op arendsvleugels*) en onuitputtelijke energie (*je wordt niet meer moe of mat*). Wat een fantastische beloften voor degenen die leven in de verwachting van Zijn komst. Jesaja schreef deze woorden in opdracht van de Heer, maar diezelfde Heer heeft nog veel meer te zeggen over het leven in de verwachting van Zijn komst. Er zijn zeker acht teksten, waarin Jezus Zelf ons oproept om te waken en te leven in de verwachting van Zijn komst. Bovendien heeft Hij aan deze opdracht ook nog een aantal bijzondere beloften verbonden.

> *'**Waakt** dan, want gij weet niet, op welke dag uw Here komt.'*
> *(Mattheüs 24:42)*
> *'Want op een uur, dat gij het niet **verwacht**, komt de Zoon des mensen.' (Mattheüs 24:44)*
> *'**Waakt** dan, want gij weet de dag noch het uur.'*
> *(Mattheüs 25:13)*
> *'**Waakt** dan, want gij weet niet, wanneer de heer des huizes komen zal.' (Marcus 13:35)*
> *'Wat Ik u zeg, zeg Ik allen: **Waakt**!' (Marcus 13:37)*
> *'Weest **bereid**, want op een uur, dat gij het niet **verwacht**, komt de Zoon... ' (Lukas 12:40)*

*'**Waakt** te allen tijde, opdat gij moogt ontkomen aan wat geschieden zal.' (Lukas 21:36)*
*'Zie, Ik kom als een dief. Zalig hij, die **waakt** en zijn klederen bewaart.' (Openb. 16:15)*

Dit zijn geen woorden van een of andere prediker. Het zijn zelfs geen woorden van Johannes, Petrus of Paulus, maar woorden uit de mond van Jezus Zelf. En omdat Hij deze boodschap tot *acht* keer toe herhaalt, is dat een goede reden om Zijn advies ter harte te nemen. De *negende* keer dat Jezus hierover spreekt, zegt Hij dat het zelfs *een bevel is* om Hem te blijven verwachten. Daarmee is het glashelder dat dit *waken*, *wachten* en *verwachten* geen *optie* is, maar een *opdracht*. Een opdracht van Jezus Zelf, wel te verstaan!

*'Omdat gij **het bevel** bewaard hebt om Mij te **blijven verwachten**, zal ook Ik u bewaren voor de ure der verzoeking, die over de gehele wereld komen zal, om te verzoeken hen, die op de aarde wonen. Ik kom spoedig; **houdt vast** wat gij hebt, opdat niemand uw kroon neme.' (Openbaring 3:10-11)*

Jezus verwachten is geen
voorstel maar een bevel

Gods belofte voor hen die blijven verwachten

De oproep van Jezus is krachtig. Keer op keer zegt Hij: *"Waakt, want je weet niet wanneer het gaat gebeuren!"* Maar Hij geeft daarbij ook een belofte: Je bent zalig (*gezegend, gelukkig en voorspoedig)* als je blijft waken en wachten (Openbaring 16:15). Waarom ben je dan zalig?

Omdat je daarmee ontkomt *"aan alles wat geschieden zal" (Lukas 21:36)*. Dat waken en wachten is dus geboden om te ontkomen aan het naderend oordeel over deze goddeloze wereld. Dat alleen al is een goede reden om Zijn bevel ter harte te nemen. Jezus biedt ons als het ware een *'escape'* aan als Hij zegt dat Hij ons zal bewaren voor de ure der verzoeking, die over de gehele wereld komen zal - mits wij het bevel bewaren Hem te blijven verwachten.

Bewaring *in*, *uit* of *voor* het uur van de verzoeking

De Herziene Statenvertaling (HSV) en de NBG-vertaling (NBG) gebruiken het woordje *'voor'*. De Statenvertaling (SV) gebruikt hier *'uit'*. De Naardense Bijbel en de Willebrord vertaling spreken over *'in'*. De Nieuwe Bijbelvertaling (NBV) draait er omheen en zegt: *'...zal Ik u ook trouw zijn wanneer binnenkort de tijd van de beproeving aanbreekt.'* In diverse vertalingen worden dus verschillende voorzetsels gebruikt: *'in'*, *'uit'* en *'voor'*. Maakt het uit welk woord men gebruikt? Is het niet slechts een accentverschil? Of heeft het verstrekkende gevolgen welk woord wij gebruiken? Om dat te weten moeten we naar de oorspronkelijke tekst kijken.

In de Griekse grondtekst wordt het voorzetsel *'ek'* gebruikt, dat *'uit'* betekent. We moeten dat woord niet los zien van het werkwoord *'tereo'* dat *'bewaren'* betekent. Feitelijk staat er dus dat Hij ons zal *'uitbewaren'*, maar omdat dit geen goed Nederlands is, zou het beter vertaald kunnen worden met: *'bewaren voor'*, ofwel *'voordat'* het uur der *'verzoeking'* aanbreekt.

Het 'uur van de verzoeking'

Het Griekse woord *'peirasmos'*, dat met *'verzoeking'* is vertaald, wordt zeker 20x gebruikt in het Nieuwe Testament.

Soms gaat dit over uiterlijke beproeving; soms over innerlijke aanvechting. In Openbaring 3 wordt ditzelfde woord gebruikt in: *'uur der verzoeking'*. Het duidt een korte tijdsperiode aan, een (uur) vol verzoeking en verleiding, die over heel de wereld zal komen.

Ook Jezus spreekt over een tijd van *'grote verdrukking'* (Mattheüs 24:21,29). Dat zal een vreselijke tijd zijn, *'zoals er niet geweest is vanaf het begin van de wereld, tot nu toe, en zoals er ook nooit meer zijn zal'* (vers 21), een tijd waarin wereldwijd oorlogen, hongersnoden, besmettelijke ziekten, aardbevingen, verdrukking, wetteloosheid en dergelijke een climax zullen bereiken! Dat is nu niet bepaald een prettig vooruitzicht. Integendeel zelfs, het is een verschrikkelijk vooruitzicht, waar je liever voor gespaard (bewaard) zou willen blijven en wat ieder mens met een gezond verstand zou willen ontlopen. Maar is dat mogelijk? Kunnen wij hieraan ontkomen? Ik geloof van wel, op grond van Jezus' woorden dat Hij ons bewaart *'voor'* het uur der verzoeking, als wij Hem blijven verwachten. Maar het hangt er dan wel vanaf welk voorzetsel je gebruikt!

Voorzetsels

Op school moesten we de voorzetsels leren en dat deden we door middel van een ezelsbruggetje zodat je ze makkelijk kon onthouden, zoals: ik zit **in** de auto, ik lig **onder** de auto, ik sta **voor** de auto, ik stap **uit** de auto, ik loop **achter** de auto, enz. Het voorzetsel is belangrijk, want het maakt nogal een verschil of je in, onder, voor, uit of achter de auto bent. Datzelfde geldt ook voor de uitdrukking: bewaring **in, uit** of **voor** het uur der verzoeking. Maar waarom geven de vertalingen dat dan verschillend weer?

Bewaren *voor*

In het Nieuwe Testament komen we dezelfde woordverbinding *ek* en *tereo* nog één keer tegen. In het hogepriesterlijk gebed horen we Jezus voor Zijn discipelen bidden: *'Ik bid niet dat U hen* ***uit*** *de wereld wegneemt, maar dat U hen* ***bewaart voor*** *de boze'* (Johannes 17:15). Ook hier: *'bewaren voor'*, maar wel in tegenstelling tot het *'uit de wereld wegnemen'*. Je zou nu al te makkelijk de conclusie kunnen trekken dat de bewaring van de gelovigen dus niet bestaat uit hun wegneming ofwel de Opname. En je zou tegelijk ook de vraag kunnen stellen: *'bewaring voor de boze'* geldt voor alle tijden, waarom zou dat dan voor *'het uur der verzoeking'* een andere betekenis hebben? Daar vallen wel een paar dingen over te zeggen.

Jezus pleit bij Zijn Vader voor bescherming van Zijn discipelen *in* de wereld, die Hij gaat verlaten en waarin zij achterblijven (vers 11,12). Een wereld vol goddeloosheid, verleiding, verdrukking, vervolging en lijden. **Ze staan aan het begin** van een lange, moeilijke weg. Waarom vraagt Hij Zijn Vader dan niet om hen weg te nemen uit deze wereld? Omdat Hij werk voor hen heeft: Zijn Woord moet de wereld in! Ze moeten van Hem getuigen en velen tot Zijn discipelen maken. Daarom bidt Jezus dat ze bewaard zullen blijven voor de boze. Vlak voor Jezus' Hemelvaart wordt die grote opdracht nogmaals herhaald: *'U zult Mijn getuigen zijn' (Handelingen 1:8).*

> We zijn *niet* bestemd voor Gods *toorn*
> maar *wel* bestemd voor Zijn *troon*

In Openbaring 3 **staan we echter aan het einde** van een periode van Gods genade, aan het einde van *'het aangename* *jaar des Heren'*, en volgt daarna *'de dag der wrake van onze God'*. Want tijdens *'de ure der verzoeking'*, de grote verdrukking die volgt, is die opdracht voor de gelovigen ten einde gekomen. Dan wordt deze taak overgenomen door de 144.000 verzegelden (Openbaring 7:1-8), de twee getuigen (Openbaring 11) en de engel die *'het eeuwig evangelie zal verkondigen' (*Openbaring 14:6).

Bewaren *in*

Als de gelovigen wél door de grote verdrukking zouden moeten gaan, had Johannes hier vast het voorzetsel *'in'* gebruikt: *'bewaar hen* ***in*** *het uur van de verzoeking,* net zoals hij dat gebruikt in Johannes 17:11 en 12, waar het gaat over bewaring *'in'* deze wereld.

Dat zou betekenen dat God de Zijnen zal vasthouden en hen door alle ellende heen zal leiden; dat Hij er voor zal zorgen dat ze niet ten onder gaan. Maar dat voorzetsel *'in'* staat er niet! Er staat *'voor'* of *'uit'*. Jezus belooft dat Hij de Zijnen *'voor'* of *'uit'* *'het uur van de verzoeking'* zal bewaren. Met ander woorden: zij zullen die periode niet mee hoeven te maken! *'Jezus verlost ons namelijk van de komende toorn'* (1 Thessalonicenzen 1:10). Tenminste... als we *'het woord van Zijn volharding bewaren'*. Als wij de opdracht bewaren om Hem te blijven verwachten, biedt Hij ons een *'escape'* aan om die tijd te ontlopen.

Hen die op de aarde wonen

Bovendien voegt Johannes aan *'het uur der verzoeking dat over heel de wereld komen zal'* de woorden toe: *'om* ***hen die op de aarde wonen*** *te verzoeken'*. Die uitdrukking komt *alleen* voor in het boek Openbaring. Als je de teksten leest, is het duidelijk dat dit niet de gelovigen betreft.

'Omdat gij het bevel bewaard hebt om Mij te blijven verwachten, zal ook Ik u bewaren voor de ure der verzoeking, die over de gehele wereld komen zal, om te verzoeken ***hen, die op de aarde wonen****.' (Openbaring 3:10)*

'Tot hoelang, o heilige en waarachtige Heerser, oordeelt en wreekt Gij ons bloed niet aan ***hen, die op de aarde wonen****?' (Openbaring 6:10)*

'Wee, wee, wee ***hun, die op de aarde wonen****, vanwege de overige stemmen van de bazuin der drie engelen, die nog bazuinen zullen!' (Openbaring 8:13)*

'En ***zij, die op de aarde wonen****, zijn blijde en verheugd en zullen elkander geschenken zenden, omdat deze twee profeten* ***hen, die op de aarde wonen****, gepijnigd hadden.' (Openbaring 11:10)*

'En ***allen, die op de aarde wonen****, zullen het beest aanbidden, ieder, wiens naam niet geschreven is in het boek des levens van het Lam (…).' (Openbaring 13:8)*

'En het verleidt ***hen, die op de aarde wonen****, wegens de tekenen, die hem gegeven zijn te doen voor de ogen van het beest. En het zegt tot* ***hen, die op de aarde wonen****, dat zij een beeld moeten maken voor het beest (…).' (Openbaring 13:14)*

'Kom hier, ik zal u tonen het oordeel over de grote hoer, die zit aan vele wateren, met wie ***de koningen der aarde*** *gehoereerd hebben, en* ***zij, die op de aarde wonen****, zijn dronken geworden van de wijn harer hoererij.' (Openbaring 17:2)*

*'En **zij, die op de aarde wonen**, wier naam niet geschreven is in het boek des levens van de grondlegging der wereld af, zullen zich verbazen, als zij zien, dat het beest was en niet is en er toch zal zijn.' (Openbaring 17:8)*

Uit deze teksten kun je opmaken dat deze oordelen alleen gelden voor de mens die zonder God leeft. Want over '*hen die op de aarde wonen*' zeggen deze verzen:

- dat ze niet bewaard worden voor de ure der verzoeking
- dat God het bloed dat ze vergoten hebben, zal wreken
- dat hen nog meer ellende staat te wachten
- dat ze gepijnigd worden door Gods twee profeten
- dat ze vreugde bedrijven over de dood van deze profeten
- dat ze verleid worden om het beest te aanbidden
- dat ze een beeld voor het beest zullen maken
- dat ze dronken zijn van de wijn van de hoererij
- dat hun naam niet staat in het boek des levens
- dat ze zich verbazen over de 'opstanding' van het beest

Zonder uitzondering hebben deze teksten betrekking op de ongelovigen, de aardsgezinde mensen, die geen rekening houden met God. Zij zijn het die wél door het '*uur der verzoeking*' gaan. De gelovigen daarentegen zullen nooit het beest aanbidden of een beeld voor hem maken. Ze zullen zeker niet gepijnigd worden door Gods twee getuigen of vreugde bedrijven over hun dood, want in dat geval zou God verdeeld zijn en tegen Zichzelf strijden. Ze zullen ook geen hoererij bedrijven of dronken worden van de wijn van die hoererij. Maar het allerbelangrijkste verschil is dat hun namen *wél* geschreven staan in het boek des levens, in tegenstelling tot *hen, die op aarde wonen*. Nee, dit gaat niet over de kinderen Gods, zij worden gevrijwaard van deze duistere tijd, *'want God heeft ons niet bestemd tot toorn, maar tot het verkrijgen van de zaligheid, door onze Heere Jezus Christus' (1Thessalonicenzen 5:9)*. Zij hebben een 'escape' zoals ik al eerder gezegd heb.

God geeft *adem* aan hen die op de aarde *wonen* en de *geest* aan hen die op de aarde *wandelen*

De hemelse gezindheid van Gods kinderen

Die 'escape' echter is de beloning voor hun verwachting en die verwachting is de vrucht van hun hemelse gezindheid die geworteld is in de liefde voor hun Heer. Want de gezindheid van Gods kinderen is heel anders, zij geven weinig om aardse zaken, ze zijn hemels gericht, want daar immers ligt hun verwachting. Laten we ook eens kijken wat Gods Woord daarover zegt:

> *'Zo zegt God die de hemel schiep en de aarde uitbreidde; die aan de mensen **die op aarde wonen** de **adem** gaf, en **de geest** aan **hen die daarop wandelen**.' (Jesaja 42:5)*

Wonen of wandelen

Prachtige openbaring vanuit Jesaja. Wij *wonen* niet op aarde, maar wij *wandelen* hier. Van hen die hier *wonen*, zich permanent gevestigd hebben en zich hier *thuis* voelen, zegt God dat Hij hun de *adem* gaf. Dat wil zeggen *'zoe'* leven, natuurlijk leven, biologisch leven. Maar hun die op aarde *wandelen* geeft Hij de *geest*, dat spreekt van de gezindheid van de hemel. God zegent overigens beide soorten mensen, maar Hij maakt wel een verschil tussen de aardsgezinde en de hemelsgezinde mensen. Het feit dat ze wandelen geeft al aan dat ze zich niet permanent gevestigd hebben. *Pelgrims en passanten* noemt de schrijver van de Hebreeënbrief hen.

> *'In dat geloof zijn deze allen gestorven, zonder de beloften verkregen te hebben; slechts uit de verte hebben zij die gezien en begroet, en* ***zij hebben beleden, dat zij vreemdelingen en bijwoners waren op aarde****.' (Hebreeën 11:1)*

Deze hemelburgers hechten zich niet echt, maar blijven gericht op hun eeuwige bestemming. Ze zijn op zoek naar hun eeuwige verblijfplaats en beseffen dat die niet op aarde is. Ook de psalmschrijver Asaf getuigt van deze gezindheid als hij schrijft:

> *'Wie heb ik* ***nevens U in de hemel****? Nevens* ***U begeer ik niets op aarde****.' (Psalm 73:25)*

Wie zulke dingen zegt, laat zien waar zijn hart is: eigenlijk nog niet eens zozeer bij de hemel zelf, maar bij Hem die daarin woont. En wat de aarde betreft, daar is niets wat hem echt boeit, behalve Gods aanwezigheid; dat alleen geeft kleur aan zijn aardse bestaan. Om diezelfde reden spoort Paulus ons als hemelburgers aan ons ver te houden van die dingen die ons van God aftrekken:

> *'Geliefden, ik vermaan u als* ***bijwoners en vreemdelingen****, dat gij u onthoudt van de vleselijke begeerten, die strijd voeren tegen uw ziel.' (1 Petrus 2:11)*

> *'Zolang wij in het lichaam verblijven, zijn wij **ver van de Here in den vreemde**, want wij wandelen in geloof, niet in aanschouwen maar wij (...) begeren te meer **ons verblijf in het lichaam te verlaten** en **bij de Here onze intrek te nemen**.'*
> *(2 Corinthiërs 5:6-8)*

Paulus had, net als Asaf, een diep besef van zijn hemelse bestemming. Niet dat hij levensmoe was, maar het besef dat hij in zijn aardse lichaam ver van de Heer was, was zo sterk dat hij het liefst dit lichaam wilde verlaten om bij de Heer te zijn. Ik geloof dat wij ook meer van deze hemelsgerichte gezindheid moeten ontwikkelen - dat is pas het echte leven.

> *'Want **het leven is mij Christus** en **het sterven gewin**!" en van beide zijden word ik gedrongen: ik verlang heen te gaan en met Christus te zijn, want dit is verreweg het beste.'*
> *(Filippenzen 1:21, 23)*

Alleen als je de glorieuze heerlijkheid en liefde van Jezus hebt gezien, kun je zeggen: *"nevens U begeer ik niets op aarde"* en *"sterven is winst"*. Alle aardse schatten van goud, glorie en glitter verbleken voor wie een glimp van Gods hemelse heerlijkheid heeft opgevangen. Sinds ze weten dat hun bestemming de hemel is, wordt het voor hen steeds moeilijker zich op aarde thuis te voelen. Toch bleef Paulus nog op aarde om anderen de ogen te openen voor de glorieuze toekomst, die God bereid heeft voor degenen die zich tot Hem keren en zich aan Hem overgeven. Ook voor ons geldt dat we eigenlijk in twee werelden leven. Ons hart en onze bestemming is bij God in de hemel, maar het is onze missie op aarde om anderen dit goede nieuws te vertellen van onze hemelse bestemming in God.

Wie die hemelse gezindheid heeft ontvangen, verstaat wat ik zeg. Voor anderen klinkt het wellicht dwaas en onbegrijpelijk. Maar nu we aan het einde van de tijden der heidenen zijn gekomen en steeds meer het moment naderen dat God Zijn geliefde kinderen thuis gaat halen, voordat Hij zijn toorn over deze goddeloze wereld laat komen, is het des te belangrijker om wakker en waakzaam te zijn.

Onze bestemming is de hemel en onze missie op aarde is om anderen te wijzen op hun hemelse bestemming

Om niet de 'escape', de harpazo, mis te lopen, die God aanbiedt aan hen die leven in de verwachting van Zijn komst, die Hem blijven verwachten. Daarvan zegt Jezus:

> *'Ik kom spoedig; houdt vast wat gij hebt, opdat niemand uw kroon neemt.' (Openbaring 3:11)*

Laat je kroon je dus niet ontroven, blijf vasthouden aan je verwachting. Het duurt immers niet lang meer voordat Hij komt om ons in een ondeelbaar ogenblik weg te voeren, de Here tegemoet. Om die reden zijn wij waakzaam en staan klaar om mee te gaan. Je wilt deze grote ontsnapping, deze '*great escape*', voor geen goud missen!

Al het *goud van de wereld* weegt niet op tegen de ontsnapping *aan deze wereld*

Hoofdstuk 5

De grote ontsnapping

*'Want God heeft ons **niet gesteld tot toorn**, maar tot het verkrijgen van **zaligheid** door onze Here Jezus Christus.'* *(1 Thessalonicenzen 5:9)*

*'Want wij zijn geroepen om de levende God te dienen en uit de hemelen zijn Zoon te **verwachten**, Jezus, die ons verlost van **de komende toorn**.'* *(1 Thessalonicenzen 1:10)*

Voordat we gaan kijken waar we allemaal aan ontsnappen, welk onheil we ontlopen en wat de zegen van de Opname inhoudt, wil ik eerst een aantal kritische kanttekeningen maken en de argumenten bespreken van hen die niet in de Opname geloven. Ik ben niet bang voor kritische vragen, want die houden me in feite alleen maar scherp. Een van die tegenstanders zei eens tegen mij:

"Jouw geloof in de Opname is ingegeven door angst voor de grote verdrukking, de antichrist, het teken van het beest en de rampen die volgens jullie over de wereld komen. Die angst maakt dat jullie dit vermeende onheil willen ontlopen met je 'Opname-theorie'! Jullie lijden aan een soort verstandsverbijstering. Feitelijk is jullie geloof een vlucht uit de werkelijkheid."

Nu herken ik mij beslist niet in deze redenering, die bovendien elk bijbels fundament mist. Het is ook wel erg kort door de bocht om alle mensen die wel in de Opname geloven, angsthazen en dwazen te noemen, lijdend aan verstandsverbijstering. Verreweg de meesten van hen die uitzien naar Jezus' komst worden niet door angst maar juist door liefde gedreven. En de volmaakte liefde drijft de angst juist uit. Later zullen we nog wel terugkomen op de diepere drijfveren van ons verlangen naar Jezus' komst.

> Wie uitziet naar Zijn komst, wordt niet door angst maar door liefde gedreven

Nu zal ik zeker niet ontkennen dat er vast wel mensen zijn die gedreven worden door angst, om het oordeel te ontvluchten, zoals de Farizeeërs waar Johannes van zei: *"Adderengebroed, wie heeft u een wenk gegeven om de komende toorn te ontgaan?"* Maar het is wel erg makkelijk om daarom de leer van de Opname af te doen als wensdenken van angsthazen, zonder dit bijbels te onderbouwen.

Vluchten is soms het beste wat je kan doen

Bovendien is vluchten in bepaalde omstandigheden helemaal niet verkeerd. Er zijn zelfs heel wat Schriftplaatsen die ons juist aansporen om dat te doen. We zien dit bijvoorbeeld in het geval van Jozef, waarbij de vrouw van Potifar dagelijks pogingen deed om hem te verleiden. Maar Jozef zei tegen haar: '*Hoe zou ik dan dit grote kwaad doen en zondigen tegen God?' (Genesis 39:9)*. De vrouw luisterde niet, maar werd integendeel steeds opdringeriger en wilde hem zelfs dwingen: '*Toen greep zij hem bij zijn kleed en zei: Kom bij mij liggen. Maar hij liet zijn kleed in haar hand achter,* ***vluchtte*** *en liep naar buiten' (Genesis 39:12).*

Wat deed Jozef? Hij *vluchtte* weg van de *zonde* en van de *verleiding*. En dat is een heel goed voorbeeld ter navolging als verleidingen zich brutaal aan je opdringen. Simson speelde juist met diezelfde verleiding door met Delila te flirten. Hij dacht alles onder controle te hebben, totdat zijn gedrag hem fataal werd en zijn door God gegeven bovenmenselijke kracht van hem week. De Filistijnen maakten hem blind en hij moest in de tredmolen lopen. Nee, vluchten is zeker niet altijd verkeerd. Soms is het zelfs het beste wat je kunt doen. Een advies dat trouwens ook door Paulus wordt gegeven.

> *'Daarom dan, mijn geliefden,* ***ontvlucht*** *de afgoderij!' (1Corinthiers 10:14)*

En wat dacht je van Jezus' ouders, die op advies van een engel Gods met baby Jezus naar Egypte vluchtten. De engel sprak tot Jozef in een droom:

*'Sta op, neem het kind en zijn moeder en **vlucht** naar Egypte.' (Mattheüs 2:13)*

Hiermee is niet gezegd dat je alle confrontaties uit de weg moet gaan, maar soms is het wijzer een confrontatie te vermijden. Hetzelfde adviseerde Jezus zijn discipelen toen die uitgingen om het evangelie te vertellen. Op geen enkele manier werden de discipelen gedwongen de mensen het evangelie tegen wil en dank op te dringen. Integendeel, Jezus zei: '*Wanneer men u vervolgt in deze stad, **vlucht** naar de andere' (Mattheüs 10:23).*

Bij ons project in Zuid India hebben we Jezus' advies ook opgevolgd; we zijn daar in de allerarmste Dalit-dorpen bezig multifunctionele dorpshuizen te bouwen. Vanwege vervolging hebben we het afgelopen jaar (2016) in vijf dorpen het stof van onze voeten afgeschud en zijn naar een ander dorp gegaan, waar men ons wel van harte verwelkomde. Je hoeft echt niet altijd moeilijkheden en tegenstand te trotseren om te laten zien dat je niet bang bent. En je bent ook zeker geen angsthaas als je op grond van goddelijke raadgeving ervoor kiest weg te gaan. Je bent wel een dwaas als je Gods toorn tracht te trotseren, maar het getuigt van wijsheid Zijn woord ter harte te nemen, zoals Lot deed, die daarmee zijn leven redde.

*'Haast u, **vlucht** daarheen, want ik zal niets kunnen doen, voordat gij daar aangekomen zijt.' (Genesis 19:22)*

Lot kreeg zelfs de opdracht om *haastig* te vluchten; de engelen konden niets doen, voordat Lot *eerst* in veiligheid was gebracht. Pas daarna werd Gods toorn over Sodom en Gomorra uitgegoten. Op dezelfde wijze zal God zijn kinderen *eerst* in veiligheid brengen, voordat Hij *Zijn toorn* over deze goddeloze wereld zal laten komen.

Gods toorn trotseren is geen heldenmoed,
maar een levensgevaarlijke *dwaasheid*
Haar ontlopen is geen ontsnappingstheorie,
maar een levensreddende *wijsheid*

*'Want God heeft ons **niet gesteld tot toorn**, maar tot het verkrijgen van **zaligheid** door onze Here Jezus Christus.' (1 Thessalonicenzen 5:9)*

*'Want wij zijn geroepen om de levende God te dienen en uit de hemelen zijn Zoon te **verwachten**, Jezus, die ons verlost van **de komende toorn**.' (1 Thessalonicenzen 1:10)*

Petrus spreekt over het *'**ontkomen** aan het verderf dat door de begeerte in de wereld heerst'* (2 Petrus 1:4). En Timotheüs zegt: *'**ontvlucht** deze dingen'* (1Timotheus 6:11), terwijl Paulus zegt: *'**vliedt** de hoererij'* (1 Corinthiërs 6:18).

Gods 'escape'

Door de zonde te ontvluchten, ontsnappen we niet alleen aan de zonde zelf, maar ook aan het oordeel dat God zal vellen over hen die aan de zonde blijven vasthouden. Zo biedt God ons een 'escape' om Zijn oordeel te ontgaan. De volgende tekstgedeelten laten dat zien.

'Gij hebt geen bovenmenselijke verzoeking te doorstaan. En God is getrouw, die niet zal gedogen, dat gij boven vermogen verzocht wordt, want ***Hij zal met de verzoeking ook voor de uitkomst zorgen****, zodat gij ertegen bestand zijt.'*
(1 Corinthiërs 10:13)

'Waakt te allen tijde, biddende, dat gij in staat moogt wezen ***te ontkomen aan alles wat geschieden zal****, en gesteld te worden voor het aangezicht van de Zoon des mensen.' (Lukas 21:36)*

Alleen een dwaas zal Gods oordeel tarten,
een wijs man zal Gods toorn willen ontlopen

'Escapes' in de Bijbel

Door de hele Bijbel heen zien we hoe God zijn kinderen aan het oordeel laat ontsnappen. God deed dit onder andere met Henoch, Noach en Lot, met het volk Israël in Egypte en met Daniël. Terwijl Gods kinderen aan het oordeel ontkwamen, werden de vijanden van Gods volk er juist door getroffen. De volgende teksten illustreren dit.

'Door het geloof heeft Noach, nadat hij een godsspraak ontvangen had over iets, dat nog niet gezien werd, eerbiedig de ark toebereid ***tot redding van zijn huisgezin****; en door dat (geloof) heeft hij de wereld veroordeeld en is hij een erfgenaam geworden der gerechtigheid, die aan het geloof beantwoordt.' (Hebreeën 11:7)*

'Het zij verre van U, aldus te handelen, ***de rechtvaardige te doden met de goddeloze****, zodat de rechtvaardige zou zijn gelijk de goddeloze; verre zij het van U; zou de Rechter der ganse aarde geen recht doen?' (Genesis 18:25)*

*'Haast u, **vlucht daarheen**, want ik zal niets kunnen doen, **voordat gij** (in veiligheid gebracht) daar aangekomen zijt.' (Genesis 19:22)*

*'Toen God de steden der streek verwoestte, gedacht God Abraham, en **Hij leidde Lot uit het midden der omkering**, toen Hij de steden waarin Lot gewoond had, omkeerde.' (Genesis 19:29)*

*'Want indien God engelen (...) niet gespaard heeft (...) en de steden Sodom en Gomorra tot as verbrand, tot omkering gedoemd en ten voorbeeld gesteld heeft voor hen, die goddeloos zouden leven, **maar de rechtvaardige Lot**, die zwaar te lijden had onder de losbandige wandel dier zedelozen, **heeft behouden** - want deze rechtvaardige heeft, onder hen wonende, dag aan dag zijn rechtvaardige ziel gekweld door het zien en horen van hun tegen alle wet ingaande werken - **dan weet de Here de godvruchtigen uit de verzoeking te verlossen** en de onrechtvaardigen te bewaren om hen op de dag des oordeels te straffen.' (2 Petrus 2:4-9)*

*'Op **dezelfde wijze als het geschiedde** in de dagen van Lot: zij aten, zij dronken, zij kochten, zij verkochten, zij plantten, zij bouwden. **Maar op de dag, waarop Lot uit Sodom ging**, regende vuur en zwavel van de hemel en verdelgde hen allen. Op **dezelfde wijze zal het gaan** op de dag, waarop de Zoon des mensen geopenbaard wordt.' (Lukas 17:28-30)*

*'En de Here zal Egypte doortrekken om het te slaan; wanneer Hij dan het bloed aan de bovendorpel en aan de beide deurposten ziet, **dan zal de Here die deur voorbijgaan en de verderver niet toelaten in uw huizen te komen** om te slaan.' (Exodus 12:23)*

'Door het geloof is Rachab, de hoer, ***niet met de ongehoorzamen omgekomen****, daar zij de verspieders met vrede had opgenomen.' (Hebreeën 11:31 - Jozua 2)*

'Laten dan die in Judea zijn, ***vluchten naar de bergen****, en die binnen de stad zijn, de wijk nemen, en die op het land zijn, er niet binnengaan.' (Lukas 21:21)*

'Ook het Sieraadland zal hij binnenvallen, en velen zullen struikelen; ***maar aan zijn macht zullen ontkomen: Edom, Moab en de keur der Ammonieten****.' (Daniel 11:41)*

'En hij zei: brengt geen schade toe aan de aarde, noch aan de zee, noch aan de bomen, ***voordat wij de knechten van onze God aan hun voorhoofd verzegeld hebben****.' (Openbaring 7:3)*

'Mensenkind, wanneer een land tegen Mij gezondigd heeft door ontrouw te worden, en Ik mijn hand daartegen uitstrek, het de staf des broods verbreek en er hongersnood zendt en daar mens en dier uitroei, en er zouden daar deze drie mannen zijn: Noach, Daniël en Job, ***dan zouden dezen door hun gerechtigheid slechts zichzelf redden****, luidt het woord van de Here Here.' (Ezechiël 14:13-14)*

Zegeningen voor de overwinnaars

Deze ontsnapping, uitredding, escape, verlossing, ontkoming, of hoe je het ook noemen wilt, is voorbehouden aan degenen die Jezus liefhebben, die met Hem wandelen in gehoorzaamheid en die met Hem en door Hem meer dan overwinnaar zijn. Precies zoals Johannes dit zegt in zijn brieven aan de zeven gemeenten, "*want hij die overwint zal:*"

1. eten van de Boom des Levens in het paradijs van God (Openbaring 2:7)
2. van de tweede dood geen schade lijden en een koningskroon dragen (Openbaring 2:11)
3. eten van het verborgen manna en een nieuwe naam ontvangen (Openbaring 2:17)
4. de morgenster ontvangen en macht over de heidenen hebben (Openbaring 2:27)
5. witte klederen dragen en zijn naam zal staan in het Boek des Leven (Openbaring 3:5)
6. een zuil in de tempel Gods zijn en Gods naam is op hem geschreven (Openbaring 3:12)
7. met Christus op de troon zitten (Openbaring 3:21)
8. Mij een zoon zijn, en Ik zal hem een God zijn. (Openbaring 21:7)

Hier is geen sprake van oordeel, straf of toorn van God. Integendeel, de overwinnaars ontkomen aan het oordeel van God en het verderf, terwijl dit juist de goddelozen treft. Opmerkelijk genoeg zien we niets van die oordelen in het boek Openbaring, totdat Johannes in de hemel word opgetrokken; vanwaar hij zicht heeft op de oordelen die over de goddelozen komen. Over de gemeente, de Bruid van het Lam, wordt echter in de hoofdstukken 4 tot en met 18 met geen woord meer gerept.

En als in hoofdstuk 19 alle oordelen achter de rug zijn, dan lezen we opnieuw weer over de gemeente, de Bruid van Christus. Het is op z'n minst opmerkelijk dat de gemeente geen enkele keer genoemd wordt. En ook vinden we, met het oog op de zware tijden die gaan komen, geen instructies, vermaningen, waarschuwingen, aan het adres van de gemeenten. Het lijkt niet voor de hand liggend dat

God Zijn kinderen niet zou hebben gewaarschuwd en hun geen instructies zou hebben gegeven ter voorbereiding van de zware tijden en de oordelen die zouden gaan komen. Er is echter niets van dit alles in het boek Openbaring te vinden. Een logische verklaring voor het feit dat God hen niet op deze tijd voorbereidt, zou kunnen zijn dat ze die oordelen gewoon niet meemaken; omdat ze zullen 'ontkomen aan alles wat geschieden zal.'

'Laten de goddelozen in hun kuilen vallen, altegader, ***terwijl ik ontkom****.' (Psalm 141:10)*

'Waakt te allen tijde, biddende, ***dat gij in staat moogt wezen te ontkomen aan alles wat geschieden zal****, en gesteld te worden voor het aangezicht van de Zoon des mensen.' (Lukas 21:36)*

Het hele evangelie is één grote ontsnapping

Aan de hand van al deze teksten hebben we vastgesteld dat vluchten vaak het beste is wat je kunt doen. En niet alleen het vluchten voor lijfsbehoud, vanwege levensgevaar, maar vooral het wegvluchten van de zonde, de hoererij, de duisternis. Dat vluchten heeft de betekenis van een veilig heenkomen, een schuilplaats zoeken voor een naderende storm, een onweersbui, om zo te ontsnappen aan het komende onheil. In de eerste Thessalonicenzenbrief wordt gesproken over "*ontsnappen aan de komende toorn*". Een *escape* dus! En wie zou nu *niet* aan dat naderende onheil willen ontsnappen?

De grote ontsnapping!

Trouwens, de mensen die ons vaak denigrerend bekritiseren omdat we er een *'escape-theologie'* op na zouden houden, hebben in zekere zin ook nog eens gelijk, want het hele evangelie is één grote *escape*! Feitelijk is hun kritisch bedoelde opmerking dus juist een compliment en is er reden hen ervoor te bedanken, want is het niet juist het evangelie dat ons in staat stelt te ontkomen aan zonde, ziekte, dood en hel? Kijk maar eens naar het volgende rijtje:

1. **Verlossing** is een ontsnapping aan de **zonde**
2. **Genezing** is een ontsnapping aan **ziekte**
3. **Bevrijding** is een ontsnapping aan **demonie**
4. **Vergeving** is een ontsnapping aan **schuld**
5. **Redding** is een ontsnapping aan de **hel**
6. **Opstanding** is een ontsnapping aan de **dood**
7. **Opname** is een ontsnapping aan **Gods toorn**

Degenen die beweren dat wij er een ontsnappingstheologie op na houden, hebben dus beslist gelijk. Maar ze zijn tegelijk ook hypocriet, want de meesten van hen geloven *wel* onvoorwaardelijk in de eerste zes escapes. Ze hanteren dus zelf ook een ontsnappingstheologie. Alleen hebben *zij* een zesvoudige ontsnappingstheologie en wij een zevenvoudige.

De Opname is de definitieve escape van dood, hel, schuld, demonie, ziekte, zonde en Gods toorn

Dat laatste is dan ook heel bijbels, want veel goddelijke zaken gaan in cycli van zeven, zoals ook God Zelf rustte op de zevende dag. En die zevende en laatste *escape* is dan ook de meest geweldige en omsluit alle andere. Immers tijdens de *'harpazo'*, de Opname, is er naast de escape van Gods toorn tegelijk ook een definitief ontkomen aan de dood, de hel, je schuld, demonie, ziekte en zonde. Wat wil je nog meer?

Je zou dus wel dwaas zijn om de zevende, de laatste en beste escape van allemaal af te wijzen. In deze zevende heb ik ze namelijk alle zeven tegelijk, voor eens en altijd. Wow... fantastisch!

Om die reden zal ik mijn verwachting van Zijn komst altijd levend houden en wil ik Zijn bevel bewaren om Hem te blijven verwachten, zodat niemand mijn kroon zal roven. Dit wachten zal immers op Zijn tijd worden beloond; het zal ons doen ontkomen aan de toorn van het Lam, die we met de Opname ontlopen. Daarover meer in het volgende hoofdstuk.

Hoofdstuk 6

De toorn van het Lam

*'En de **koningen der aarde** en de **groten** en de **oversten** over duizend en de **rijken** en de **machtigen** en **iedere slaaf en vrije** verborgen zich in de holen en de rotsen der bergen; en zij zeiden tot de bergen en tot de rotsen: **Valt op ons en verbergt ons voor het aangezicht van Hem, die gezeten is op de troon**, en **voor de toorn van het Lam**; want **de grote dag van hun toorn** is gekomen en wie kan bestaan?' (Openbaring 6:15-17)*

De term *'toorn van het Lam'* klinkt op zich al tegenstrijdig. Bij *'toorn van God'* kun je je nog wel iets voorstellen, vooral als je de verhalen uit het Oude Testament kent. Maar *de toorn van het Lam*? Bij een lammetje denk je aan iets lieflijks - zacht en vredig, teer en kwetsbaar. En dat is moeilijk voorstelbaar in combinatie met een uitbarsting van toorn die de hele wereld doet sidderen en beven. En toch is dat het beeld dat Gods Woord ons schetst. Want deze keer komt Jezus niet als de lijdende Messias, die onze straf op Zich neemt. Nee, nu komt Hij als *de Leeuw van Juda*, de Almachtige, de Allerhoogste, de Heer der heren en de Koning der koningen! Hij komt nu niet om te dienen, te lijden en te sterven. Hij komt nu om te heersen. Ja, Hij komt om Zijn troon op te eisen. De eerste keer kwam Hij om *'het aangename jaar des Heren'* aan te kondigen. Bij de aanvang van Zijn aardse bediening citeerde Hij dan ook Jesaja 61:2a - *"om uit te roepen een jaar van het welbehagen des Heren"*. Hij las dat vers tot de helft, sloot het boek en zei: *"Heden is dit Schriftwoord voor uw oren vervuld!"*

De eerste keer kwam Jezus als het Lam van God,
de tweede keer komt Hij als de Leeuw van Juda

Uit het tekstgedeelte van Jesaja 61:2 liet Jezus iets achterwege. Waar in het bedoelde gedeelte een komma staat, zette Jezus een punt. Op *"het aangename jaar des Heren"* volgt: *"en een dag der wrake van onze God"*. Jezus liet dat gedeelte bewust achterwege. Omdat *toen* de tijd nog niet gekomen was voor de vervulling ervan. Laten we de hele tekst lezen.

'De Geest des Heren Heren is op mij, omdat de Here mij gezalfd heeft; Hij heeft mij gezonden om een blijde boodschap te brengen aan ootmoedigen, om te verbinden gebrokenen van

hart, om voor gevangenen vrijlating uit te roepen en voor gebondenen opening der gevangenis; om uit te roepen ***een jaar van het welbehagen des Heren*** *en* ***een dag der wrake van onze God****; om alle treurenden te troosten.' (Jesaja 61:1-2)*

Jaar en dag

Ik houd van deze tekst. God belooft een aangenaam jaar voor ootmoedigen en nederigen. Hij belooft hen vrijheid, vrijlating, genezing, vreugde, overwinning. En dat is precies waarvoor Jezus kwam. Maar dat maakt het tweede gedeelte van de profetie van Jesaja niet onwaar. Alleen dat tweede gedeelte was voor een andere tijd bedoeld; voor onze tijd, voor de komende tijd. Die verhouding tussen dag en jaar vind ik trouwens prachtig. Gods goedheid en genade duren immers een *jaar*, terwijl zijn wraak, zijn toorn, slechts *één dag* duurt - een verhouding van 365 op 1!

> Gods genade duurt een *jaar*,
> Zijn wraak duurt slechts één *dag*

Dat zegt al heel veel, het laat zien hoe lankmoedig, geduldig en liefdevol God is. Maar toch komt er een moment dat God zegt: En nu is de maat vol. Nu is het genoeg! '*Het aangename jaar des Heren*' loopt ten einde en *'de dag der wrake van onze God'* staat voor de deur. Als ik nu nog langer wacht, wordt ik ongeloofwaardig. God rekt zijn geduld echter tot het uiterste, om de eenvoudige reden dat Hij niet wil dat er iemand verloren gaat. Het hoopt dat er nog enigen tot geloof zullen komen en Zijn genade zullen aangrijpen. Daarom is God zo geduldig!

Wat betekent die dag der wrake dan?

Er komt echter een dag dat God zegt: En nu is het genoeg!

Dan zal niemand het tij meer kunnen keren, dan breekt die verschrikkelijke dag aan - de dag van Zijn toorn en wraak over alle goddeloze mensen die zich willens en wetens van Hem afkeren. Dan is het ‘genade-tijdperk’ voorbij en zal *‘de toorn van het Lam’* over deze wereld komen. Een schrikwekkende gedachte:

> *‘En de **koningen der aarde** en de **groten** en de **oversten** over duizend en de **rijken** en de **machtigen** en **iedere slaaf en vrije** verborgen zich in de holen en de rotsen der bergen: en zij zeiden tot de bergen en tot de rotsen: **Valt op ons en verbergt ons voor het aangezicht van Hem, die gezeten is op de troon**, en **voor de toorn van het Lam**; want **de grote dag van hun toorn** is gekomen en wie kan bestaan?’ (Openbaring 6:15-17)*

Op de dag des Heren kunnen macht of rijkdom, geld of goed u niet redden

Als *die grote dag van Gods toorn* komt, kunnen macht of rijkdom, status, geld of goed niet redden. Ook armen, slaven en gewone mensen worden getroffen, niemand uitgezonderd: het treft alle aardbewoners, *hen die op de aarde wonen.* In hun angst voor de toorn van God laten ze zich liever door neerstortende bergen en rotsen verpletteren dan te moeten verschijnen voor het aangezicht van die God wiens toorn hen treft. Merkwaardig dat velen op die dag beseffen dat die toorn afkomstig is van de God, wiens bestaan ze altijd hebben ontkend. Tegen die tijd weten ze blijkbaar wel beter, maar dan is het helaas te laat. Ze worden op *‘die dag’* overgeleverd aan *de toorn van het Lam.* Nu geeft de Bijbel opvallend veel synoniemen voor *‘die dag’*, te weten:

de dag des Heren
de dag der bezoeking
de dag van de Here der Heerscharen
de dag van Zijn brandende toorn
de dag van ongeneeslijke smart
de dag van verwarring
de dag van de oostenwind
de dag van de grote slachting
de dag van de wraak des Heren
de dag van de benauwdheid en straf
de dag der wrake
de dag der slachting
de dag van rampspoed en onheil
de dag van Zijn toorn
de dag van de brandende toorn des Heren
de dag van de verbolgenheid des Heren
de dag der benauwdheid
de dag van Jacobs benauwdheid
de dag des oordeels
de dag van benauwdheid en angst
de dag van vernietiging en verwoesting
de dag van de orkaan
de dag van Zijn komst
de dag van het oordeel en ondergang der goddelozen
de grote dag des Heren
de grote en geduchte dag des Heren

Het mag duidelijk zijn dat al deze synoniemen van *'de dag des Heren'* spreken van een tijd van verschrikkelijke radeloosheid en doodsangst voor de bewoners van deze wereld. De *'dag des Heren'* is evenwel niet een periode van 24 uur, maar het omvat waarschijnlijk de hele periode van zeven jaar, die in de Bijbel wordt aangeduid als *'de grote verdrukking'*.

Mijns inziens begint *'de dag des Heren'* met de Opname van de gemeente en eindigt ze met Zijn zichtbare wederkomst op aarde. Het is in deze tijd dat de Heer Zijn wettig gezag over de aarde weer zal opeisen. Hij zal dan ook afrekenen met alle goddeloosheid en verzet tegen Zijn koningschap.

We zijn niet bestemd voor *de toorn van het Lam*, maar voor *de troon van Zijn genade*

God heeft ons echter niet bestemd voor de *toorn*, maar voor de *troon*. *'Hij heeft ons niet gesteld tot toorn, maar tot het verkrijgen van zaligheid door onze Here Jezus Christus' (1 Thessalonicenzen 5:9)*. Daarom worden wij aangespoord om *'uit de hemelen zijn Zoon te verwachten, die ons verlost van de komende toorn' (1Tessalonicenzen 1:10; Openbaring 3:10)*.

De dag des Heren

Wanneer we de term *"de dag des Heren"* in de Bijbel bestuderen, dan zien we dat dit begrip op de meeste plaatsen in verband wordt gebracht met een tijd dat God Zijn toorn uitstort en afrekent met alle oppositie tegen Zijn rechtmatige heerschappij over deze aarde. Laten we kijken naar een paar van deze teksten.

*'Zie, **de dag des Heren** komt, **meedogenloos**, met **verbolgenheid en brandende toorn**, om de **aarde tot een woestenij te maken** en **haar zondaars van haar te verdelgen.'** (Jesaja 13:9)*

*'Wee die dag, want nabij is **de dag des Heren**; als een **verwoesting** komt hij van de Almachtige (...). Dat alle inwoners des lands **sidderen**, want de dag des Heren komt.*

*Groot is **de dag des Heren** en zeer **geducht**! Wie zal hem **verdragen?'** (Joel 1:15, 2:1,11)*

*'Duisternis zal **de dag des Heren** zijn en geen licht, ja **donker** en **zonder glans**.'(Amos 5:20)*

*'Nabij is de **grote dag des Heren**, nabij en hij nadert haastig. Hoort, de dag des Heren; **bitter schreeuwt dan de held**. Die dag is een dag van **verbolgenheid**, een dag van **benauwdheid** en van **angst**, een dag van **vernieling** en van **vernietiging**, een dag van **duisternis** en van **donkerheid**, een dag van **wolken** en van **dikke duisternis**, een dag van **bazuingeschal** en van **krijgsgeschreeuw** tegen de versterkte steden en tegen de hoge hoektorens. Dan zal Ik de mensen **benauwen**, zodat zij gaan als blinden, want zij hebben tegen de Here gezondigd, en **hun bloed zal worden uitgestort** als stof **en hun ingewand als drek**. Noch hun zilver, noch hun goud zal hen kunnen redden op de dag van de **verbolgenheid** des Heren. Door het vuur van zijn naijver zal **de ganse aarde verteerd worden**, want **vernietiging**, ja, een **verschrikkelijk einde zal Hij alle inwoners der aarde bereiden**.' (Zefanja 1:14-18)*

*'Komt tot uzelf, ja, komt tot inkeer, gij schaamteloos volk, voordat het besluit tot uitvoering komt - als kaf gaat een dag voorbij - voordat over u komt **de brandende toorn des Heren**, voordat over u komt **de dag van de toorn des Heren**. Zoekt de Here, alle ootmoedigen des lands, gij die zijn verordening volbrengt; zoekt gerechtigheid, zoekt ootmoed; misschien zult gij geborgen worden op **de dag van de toorn des Heren.'** (Zefanja 2:1-3)*

> *'Wij danken U, Here God, Almachtige, die is en die was, dat Gij uw grote macht hebt opgenomen en het koningschap hebt aanvaard; en de volkeren waren toornig geworden, maar* ***uw toorn is gekomen*** *en de tijd voor de doden om geoordeeld te worden en om het loon te geven aan uw knechten, profeten, en aan de heiligen en aan hen, die uw naam vrezen, aan de kleinen en de groten* ***en om te verderven wie de aarde verderven.'*** *(Openbaring 11:17-18)*

> *'En een andere engel, een derde, volgde hen, zeggende met luider stem: Indien iemand het beest en zijn beeld aanbidt en het merkteken op zijn voorhoofd of op zijn hand ontvangt, die* ***zal ook drinken van de wijn van Gods gramschap, die ongemengd is toebereid in de beker van zijn toorn****; en hij zal gepijnigd worden met vuur en zwavel ten aanschouwen van de heilige engelen en van het Lam. En de rook van hun pijniging stijgt op in alle eeuwigheden, en zij hebben geen rust, dag en nacht, die het beest en zijn beeld aanbidden, en al wie het merkteken van zijn naam ontvangt. Hier blijkt de volharding der heiligen, die de geboden Gods en het geloof in Jezus bewaren.' (Openbaring 14:9-12)*

> *'Om uit te roepen (…) een* ***dag der wrake*** *van onze God.' (Jesaja 61:2)*

> *'Dit toch is* ***de dag van de Here*** *der heerscharen,* ***de dag der wrake om wraak te nemen op zijn tegenstanders.'*** *(Jeremia 46:10)*

Al deze Schriftplaatsen laten ons zien dat de *"dag des Heren"* voortdurend in verband wordt gebracht met Gods straf en het uitgieten van Zijn brandende toorn, Zijn verbolgenheid en Zijn wraak. Die dag wordt ook wel *"de dag des oordeels"* genoemd. Het zal een tijd zijn van verwoesting van de aarde en verdelging van zondaars. Het is een tijd van donkerheid, duisternis, bitterheid, verschrikking en siddering. Het is een geduchte dag die niemand kan verdragen. God zal Zijn oordeel dan onvermengd uitgieten uit de beker van Zijn gramschap. Hij zal niet langer het Lam ter slachting zijn, maar op die dag zal Hij meedogenloos zijn tegenover hen die zich blijven verzetten tegen Zijn heerschappij. Hij zal op die dag wraak nemen op Zijn vijanden. De helden zullen het uitschreeuwen van angst en de aardbewoners zullen in hun radeloze angst tot de bergen en de rotsen zeggen:

'Valt op ons en verbergt ons voor het aangezicht van Hem, die gezeten is op de troon, en voor ***de toorn van het Lam****; want de grote dag van hun toorn is gekomen en wie kan bestaan?' (Openbaring 6:16-17)*

Goedertierenheid en gestrengheid

De Bijbel is er duidelijk over dat *"de dag des Heren"* een verschrikkelijke tijd zal zijn voor de aardbewoners. Los van alle andere oordelen die we kunnen lezen in het boek Openbaring, is er een indicatie dat de helft van de wereldbevolking zal sterven door die oordelen. We lezen:

'En ik zag, en zie, een vaal paard, en die daarop zat, zijn naam was de dood, en het dodenrijk volgde achter hem. En hun werd macht gegeven over ***het vierde deel der aarde om te doden****, met het zwaard, met de honger, met de zwarte dood en door de wilde dieren der aarde.' (Openbaring 6:8)*

'En de vier engelen, die tegen het uur en de dag en de maand en het jaar waren gereed gehouden, werden losgelaten om ***het derde deel van de mensen te doden****.' (Openbaring 9:15)*

Als we ervan uitgaan dat de aarde ongeveer 8 miljard bewoners telt en er om te beginnen *een vierde deel* daarvan wordt gedood, dan blijven er zo'n 6 miljard mensen over. Als later dan nog *een derde deel* van die 6 miljard wordt gedood, dus zo'n 2 miljard, dan blijven er iets van 4 miljard over. De helft van het aantal aardbewoners zal dus door deze twee oordelen gedood worden. En dan hebben we het nog niet gehad over de andere rampen die in het boek Openbaring worden genoemd. Het is nauwelijks mogelijk je een voorstelling te maken van de verschrikkingen die over deze wereld zullen komen. De twee wereldoorlogen die we hebben meegemaakt, zullen kinderspel zijn vergeleken bij de rampen, die ten tijde van Gods toorn de aarde zullen treffen. Wie zou zo'n verschrikkelijke tijd willen meemaken? Gelukkig hoeft dat ook niet, want God heeft iets veel beters voor u in gedachten.

De helft van de wereldbevolking zal sterven
tijdens de dag der wrake van onze God

Door de humanistische invloeden in het moderne christendom en door een dieet van bijbelteksten, die alleen de lieflijke kant van God belichten, zijn veel christenen blind geworden voor de gestrenge kant van God. Maar eerlijk bijbelonderzoek toont aan dat er meer bijbelteksten zijn die verwijzen naar de woede en de toorn van God, dan naar Zijn liefde en Zijn tederheid. Ook zegt de Bijbel dat we acht moeten slaan op Gods *goedertierenheid* èn Zijn *gestrengheid*.

*'Want over de gevallenen komt Gods **gestrengheid**, maar over u de **goedertierenheid** Gods, althans indien gij bij de goedertierenheid blijft; anders zult ook gij weggekapt worden.' (Romeinen 11:22)*

Het moge duidelijk zijn dat de oordelen in het geheel geen betrekking hebben op Gods kinderen. Het betreft de mensen die dan nog *op de aarde wonen* en *het beest zullen aanbidden, dat zijn mond opent om Gods naam te lasteren en (...)* ***hen, die in de hemel wonen*** *(Openbaring 13:6)*. Die laatsten kan hij slechts lasteren vanaf de aarde, waar hijzelf op geworpen is. Zij die bij God in de hemel wonen, zullen dan veilig zijn, buiten het bereik van het beest. Dank God dat u niet bestemd bent voor de grote verdrukking die over de aarde komen zal, want dat zal de tijd zijn van *de toorn van het Lam*.

Toch zullen er nog wel kinderen Gods op aarde zijn. Dat zijn zij die de Opname hebben gemist, de zogenaamde *'dwaze maagden'*, maar nog steeds maagden. Deze mensen zullen het mikpunt van de antichrist zijn. Hij zal hen vervolgen en doden. Want hij wil door de aardbewoners aanbeden worden als een god en iedereen die dit weigert, zal dit met de dood moeten bekopen. Net zoals dit gebeurde ten tijde van koning Nebukadnessar, die door iedereen aanbeden wilde worden (Daniël 3:19). En naast de verschrikkingen van Gods oordelen is daar dan ook nog het schrikbewind van de antichrist, die het meest gruwelijke totalitaire regime aller tijden zal uitoefenen. Hitler, Mao, Stalin, Pol-Pot en Idi Amin, samen opgeteld, zullen kleine jongens lijken in vergelijking met de antichrist. Alle mensen zal hij willen brandmerken als zijn eigendom, zoals een boer zijn vee van een brandmerk voorziet.

Het teken van het beest

Ja, de antichrist zal een totale controle over de aarde willen uitoefenen. Hij zal dit doen door middel van een systeem, waarbij niemand meer kan kopen of verkopen, tenzij men het teken van het beest aanvaardt. De Bijbel zegt:

*"En het maakt, dat aan **allen**, de kleinen en de groten, de rijken en de armen, de vrijen en de slaven, een **merkteken** gegeven wordt op hun **rechterhand** of op hun **voorhoofd**, en dat niemand kan kopen of verkopen, dan wie het merkteken, de naam van het beest, of het getal van zijn naam heeft."*
(Openbaring 13:16-17)

Bijbelgeleerden hebben zich eeuwenlang afgevraagd wat dat teken zou kunnen zijn. Maar met het moderne elektronische betalingsverkeer kunnen wij ons daar nu een betere voorstelling van maken. Vandaag de dag kunnen we onze geldzaken via de computer en de mobiele telefoon regelen of met een pinpas, zonder dat er echt geld aan te pas komt. Het nadeel is echter dat onze bankpas gestolen kan worden, dat we haar verliezen of domweg onze pincode vergeten. Er wordt uiteraard gezocht naar oplossingen voor dit probleem.

De nanotechnologie die zich bezighoudt met de ontwikkeling van superkleine elektronische apparatuur, heeft ook een microchip ontwikkeld, waarmee dit probleem wellicht zal kunnen worden opgelost. De microchip is kleiner dan een speldenknop en kan onzichtbaar onder de huid worden aangebracht. De beste plek daarvoor schijnt de rug van de hand of het voorhoofd te zijn (Openbaring 13:16). Met deze chip kunnen betalingen worden verricht en daarmee is de weg gebaand voor een cashloze samenleving. Behalve bankgegevens bevat deze chip ook persoonlijke informatie, zoals medische gegevens, BSN (Burgerservicenummer) en eventueel strafblad. Daarnaast bevat deze chip een zender en ontvanger, waarmee ze kan communiceren met het (internationale) satellietnetwerk. Iemand met zo'n chip kan dus altijd en overal ter wereld getraceerd worden.

In geval van een ontvoering volstaat één enkele melding aan een centrale meldkamer om de bewuste persoon binnen enkele ogenblikken te traceren. Een dergelijke chip wordt tegenwoordig al vaak toegepast bij vee en huisdieren, om diefstal te voorkomen en om het dier, mocht het zoekgeraakt zijn, terug te vinden. Ook in dure auto's wordt deze chip ingebouwd. Sommige verzekeringsmaatschappijen willen een dure auto alleen nog maar verzekeren als dit systeem is aangebracht. En wat misschien nog niet algemeen bekend is - dit systeem is in sommige bedrijven al volledig operationeel. In principe kan het op dit moment al overal ter wereld worden ingevoerd.

Wie het teken niet neemt,
kan *tijdelijk* niet kopen of verkopen
Wie het teken wel neemt, zal voor *eeuwig* pijn lijden

Persoonlijk denk ik dat het in eerste instantie op vrijwillige basis en gratis zal worden aangeboden. Velen zullen het aanbod graag accepteren, ook al vanwege het enorme gebruiksgemak dat het met zich meebrengt. Je hoeft nooit meer een pasje bij je te hebben en je kunt het ook nooit meer verliezen. Het geeft bovendien een gevoel van veiligheid - mocht je ooit ontvoerd worden dan kan men jou in no time terugvinden. Ter voorkoming van kidnapping zullen mensen het ook bij hun kinderen laten aanbrengen. Zo zal de chip door steeds meer mensen worden gebruikt. Gaandeweg zal het steeds moeilijker worden nog op conventionele manier te betalen. Dit zal nog meer mensen er toe bewegen het systeem te accepteren. Na verloop van tijd zal het vervolgens mondiaal worden ingevoerd; iedereen wordt dan geacht het te accepteren.

Wie dit teken weigert, komt per definitie al op een zwarte lijst; zo iemand wordt beschouwd als een potentiële crimineel. Uiteindelijk zal iedereen met de zwaarste pressiemiddelen worden gedwongen dit teken te accepteren; wie dan nog weigert, wordt gezien als staatsvijand, als zware crimineel. Zo iemand zal zijn verzet uiteindelijk met de dood moet bekopen. Het woord *"merkteken"* komt zeven keer voor in de Bijbel. Opmerkelijk genoeg alle zeven keer in het boek Openbaring. Allereerst wordt elk mens, groot of klein, rijk of arm, vrij of slaaf, gedwongen dit merkteken te ontvangen (Openbaring 13:16-17). Maar er zit letterlijk een addertje onder het gras, want iedereen die dit merkteken ontvangt, verkoopt daarmee ook zijn ziel aan de duivel en zal zo de toorn van God over zich heen halen. De Bijbel zegt:

> *'Indien iemand het beest en zijn beeld aanbidt en* ***het merkteken*** *op zijn voorhoofd of op zijn hand* ***ontvangt****, die* ***zal ook drinken van de wijn van Gods gramschap****, die ongemengd is toebereid in de beker van zijn toorn; en* ***hij zal gepijnigd worden met vuur en zwavel ten aanschouwen van de heilige engelen en van het Lam****. En de rook van hun* ***pijniging stijgt op in alle eeuwigheden****, en zij hebben geen rust, dag en nacht, die het beest en zijn beeld aanbidden, en al wie het merkteken van zijn naam ontvangt.' (Openbaring 14:9-11)*

Ook zullen alle mensen die het merkteken van het beest ontvangen en zijn beeld aanbidden een boos en kwaadaardig gezwel krijgen (Openbaring 16:2). Uiteindelijk zal het beest zelf gegrepen worden, samen met de valse profeet die de mensen heeft verleid om het merkteken te ontvangen. En samen zullen ze levend worden geworpen in de poel van vuur, die met zwavel brandt (Openbaring 19:20).

Degenen die het merkteken hebben geweigerd en daarom hun leven hebben verloren, wacht een veel beter lot. De Bijbel zegt:

> *'(...) en ik zag de zielen van hen, die onthoofd waren om het getuigenis van Jezus en om het woord van God, en die noch het beest noch zijn beeld hadden aangebeden en die het merkteken niet op hun voorhoofd en op hun hand ontvangen hadden; en **zij werden weder levend en heersten als koningen met Christus, duizend jaren lang**.' (Openbaring 20:4)*

De consequenties van onze keuzes

Soms lijkt een keuze goed, maar de gevolgen kunnen uiteindelijk verschrikkelijk zijn, zoals Spreuken 13:2 zegt: *"Soms schijnt een weg iemand recht, maar het einde daarvan voert naar de dood."* Omgekeerd kan een keuze soms verschrikkelijk moeilijk lijken, terwijl de gevolgen uiteindelijk heel goed zijn. Dat zal zeker gelden voor de mensen die voor de keuze komen te staan of ze wél of niet het merkteken van het beest zullen aanvaarden. Want degenen die de gemakkelijkste weg zullen kiezen en het merkteken zullen ontvangen, zullen straks *voor eeuwig* gepijnigd worden. Ze zullen delen in het lot van de antichrist en de valse profeet. Ze zullen voor eeuwig en altijd, dag en nacht, branden in de hel. Dat is de consequentie van hun keuze. Mocht u ooit voor die keuze komen te staan – ik smeek u het beest niet te aanbidden en nooit het merkteken van het beest te aanvaarden, wat de gevolgen daarvan dan ook mogen zijn. Het is beter als martelaar te sterven en straks voor eeuwig bij Jezus te zijn, dan nu als een 'koning' te leven en straks voor eeuwig gepijnigd te worden in de hel.

Ik hoor mijn tegenstanders al zeggen: "*Zie je nu wel dat je een doemdenker bent? Zulke verschrikkelijke verhalen over Gods oordelen, de dood van de halve wereldbevolking en dan nog eens het schrikbewind van de antichrist, waar niemand aan kan ontsnappen! Hoe kun je dat allemaal in vredesnaam een hoopvolle boodschap noemen, zo'n pikzwart scenario? Hoe kun je spreken over hoop als de toekomst er zo hopeloos uitziet?*"

Beter *nu sterven* om voor eeuwig behouden te zijn, dan *nu leven* om straks voor eeuwig verloren te zijn

Ja, ik snap hun redenering wel, maar het is alleen maar een doemscenario voor hen die *niet* in de Opname geloven. Mijn opponenten gaan ervan uit dat ze volgens mijn redenering allemaal slachtoffers van dit onheil zullen worden, maar ze vergeten dat het hier gaat over de tijd *na* de Opname. De hoopvolle boodschap is nu juist dat we aan deze oordelen kunnen ontkomen. Er is een betere weg, een '*escape*', zoals we in het vorige hoofdstuk hebben aangetoond. We kunnen aan deze oordelen ontkomen dankzij het geheimenis van de Opname! Onze hoop is dan ook niet gebaseerd op positieve onstandigheden *nu*, maar op geloof in de Opname en in een betere toekomst *daarna*.

'Waakt te allen tijde, biddende, dat gij in staat moogt wezen ***te ontkomen aan alles wat geschieden zal****, en gesteld te worden voor het aangezicht van de Zoon des mensen.' (Lukas 21:36)*

Een happy end

"*Toch ben je een doemdenker - voor hen die achterblijven, is het nog altijd het doemscenario van een wereld die ondergaat in ellende en chaos. Dat kun je toch onmogelijk een happy end noemen?!"*, zo hoor ik iemand tegenwerpen. Maar de werkelijkheid is anders! Want al staat vast dat God in Zijn schrikwekkende oordelen met al zijn vijanden zal afrekenen, waarbij de aarde voor korte tijd in diepe duisternis zal zijn gehuld - deze periode is slechts van korte duur en daarna zal Jezus terugkomen om in gerechtigheid te regeren. Dan zal de aarde weer het paradijs worden dat God altijd al voor ogen stond en dan zal Hij duizend jaar regeren vanuit Jeruzalem, waarna we voor eeuwig met Hem zullen regeren.

Wie meer wil weten over deze tijd zou mijn boek "*Kunnen deze beenderen herleven?*" moeten lezen; daarin heb ik die periode uitvoerig beschreven. Dat zal ik hier niet opnieuw doen. Wel heb ik de laatste bladzijden van Gods Boek gelezen en ik verzeker u dat het uiteindelijk een *'happy end'* zal zijn.

Gods boek eindigt met *'een happy end'*
waar nooit een eind aan komt

De meeste sprookjes eindigen met: "*en ze leefden nog lang en gelukkig!*" Maar deze afsluiting in sprookjesboeken is slechts een flauwe afspiegeling van de heerlijkheid die God voor Zijn kinderen heeft weggelegd. Wat God voor ons in petto heeft is boven bidden en denken. Hij heeft iets voor ons bereid wat in geen mensenhart is opgekomen. Van doemdenken is dus geen sprake, het gaat juist over een ultiem *happy end!* Een *happy end* waar geen einde aan komt! Glorieus! Dat roept de vraag op wanneer dit dan gaat gebeuren. Dat is het thema van het volgende hoofdstuk.

Hoofdstuk 7

Wanneer gaat het gebeuren?

'Want de Here zelf zal op een teken, bij ***het roepen van een aartsengel*** *en bij* ***het geklank ener bazuin Gods****, nederdalen van de hemel, en zij, die in Christus gestorven zijn, zullen het eerst opstaan; daarna zullen wij, levenden, die achterbleven, samen met hen op de wolken* ***in een oogwenk weggevoerd worden****, de Here tegemoet in de lucht, en zó zullen wij altijd met de Here wezen.' (1 Thessalonicenzen 4:16-17)*

Er zijn zo'n zes verschillende visies ten aanzien van de 'harpazo', de Opname van de gemeente in een ondeelbaar ogenblik. Deze visies zijn:

1. De Opname is een dwaling, er is helemaal geen Opname
2. De Opname is al lang geweest
3. De Opname zou geestelijk zijn
4. De Opname komt voor de grote verdrukking (pre-trib)
5. De Opname komt halverwege de grote verdrukking (mid-trib)
6. De Opname is aan het eind van de grote verdrukking (post-trib)
7. De Opname vindt plaats na het millennium

1. De leer van de Opname zou een dwaling zijn

De eerste drie zijn totaal on-bijbels en in mijn ogen daarom verwerpelijk. Dat de Opname geen dwaling is, heb ik in hoofdstuk 2 afdoende aangetoond, met daarbij de aantekening dat de Bijbel spreekt over zeven *Opnames*. Daar op grond van twee of drie getuigen een zaak vast-staat, is dus boven twijfel verheven dat de Opname geen dwaling is, maar een goed gefundeerd bijbels gegeven. Daarom zullen we deze eerste visie verder laten rusten.

2. De Opname is al lang geweest

Veel Preteristen geloven dat de Opname ergens ten tijde van de vernietiging van Jeruzalem heeft plaatsgevonden en dat Jezus dus al is teruggekomen. Maar Gods Woord zegt dat Jezus na zijn wederkomst duizend jaar zal regeren vanuit

Jeruzalem, dat de leeuw gras zal eten als een rund, dat een kind bij het hol van een adder zal spelen en dat de mensen de leeftijd van de bomen zullen bereiken (Jesaja 65). Ook zal de Olijfberg middendoor splijten en zal er een rivier stromen vanuit Jeruzalem naar de Oostelijke en de Westelijke zee (Zacharias 14). Als de Preteristen gelijk zouden hebben, dan hebben de Moslims voor niets de Messiaspoort dichtgemetseld en er graven voor gelegd. Maar ze hebben geen gelijk, want niets van dat alles heeft nog plaatsgevonden. Daarom verwerpen we ook deze visie als onbijbels en zullen we er ons ook verder niet in verdiepen.

3. De Opname zou geestelijk zijn

Ook aan deze visie wil ik niet teveel tijd besteden. Want als de Opname geestelijk is, is de opstanding uit de dood dan ook geestelijk en is de terugkeer van Jezus dan ook geestelijk? Zijn vergeving, genezing, redding, hemel en hel dan ook geestelijk? Dit standpunt lijkt meer op transcendente meditatie, op fantasie en inbeelding, dan dat het gebaseerd is op de werkelijke beloften van God. Door alles te vergeestelijken, leeft men in een schijnwereld en sluit men de ogen voor de werkelijkheid.

De eerste drie visies hebben bijbels gezien geen bestaansrecht. Teveel bijbelgedeelten spreken deze visies tegen om ze serieus te kunnen nemen. Vanwege het ontbreken van een goed bijbels fundament zullen we er verder dan ook geen aandacht aan besteden. Dat geldt overigens niet voor de volgende drie visies, die in principe veel overeenkomsten vertonen. Ze gaan alle drie uit van het geloof in een bovennatuurlijke opstanding uit de dood en de transformatie van de gelovigen in een ondeelbaar ogenblik. Alleen over het tijdstip van de Opname verschillen deze visies van mening. Misschien denkt iemand: "*Maar dat is toch niet zo belangrijk, de aanhangers van deze visies leven toch allemaal in dezelfde verwachting?*" Maar klopt dat? Leven ze werkelijk in dezelfde verwachting? Mijns inziens niet. En ik zal u zeggen waarom niet.

4. De Opname komt vóór de grote verdrukking

In mijn ogen is deze visie (pre-trib) de enige die werkelijk leeft in de verwachting van Zijn komst. Deze gelovigen verwachten namelijk dat het elke dag, elk ogenblik, kan gebeuren. Ze leven zo, alsof zij het persoonlijk zullen meemaken. Ze leven voortdurend in de verwachting van Zijn komst, omdat ze geloven dat het elk moment kan gaan gebeuren. Daarmee geven ze gehoor aan Jezus' bevel om Hem voortdurend te blijven verwachten (Openbaring 3:10).

5. De Opname komt halverwege de grote verdrukking

Deze visie ligt nog het dichtst bij de visie van de pre-trib. Maar toch heeft men Jezus' komst zo'n drie en een half jaar voor zich uit geschoven. Men verwacht Hem dus niet voortdurend. Deze gelovigen verwachten Hem niet, *voordat* de antichrist zijn verbond met Israël zal verbreken en zich in de tempel van God zal zetten, om zich te laten aanbidden als een god. Ze schuiven hun verwachting dus voor zich uit.

> *'En hij zal het verbond voor velen zwaar maken, een week lang; in de helft van de week (van zeven jaar) zal hij slachtoffer en spijsoffer doen ophouden; en op een vleugel van gruwelen zal een verwoester komen, en wel tot aan de voleinding toe, en*

waartoe vast besloten is, dat zal zich uitstorten over wat woest is.' (Daniël 9:27)

Het is onmogelijk voortdurende Zijn komst te verwachten, terwijl je tegelijkertijd die komst minstens drie-en-eenhalf jaar voor je uitschuift. Dat alleen al is voor mij reden genoeg om de visie van de mid-tribulation af te wijzen.

6. De Opname is aan het eind van de grote verdrukking

Dit geldt eveneens voor de visie dat de Opname plaatsvindt aan het einde van de grote verdrukking. Als we zien wat er in die zeven jaar van verdrukking staat te gebeuren, kunnen we dus aftellen, zeker nadat de duivel na drie en een half jaar aanbidding voor zichzelf opeist. Je kunt dan gewoon aftellen tot die zeven jaren voorbij zijn, voordat je de Opname mag verwachten. Op die manier is het een onmogelijke opdracht om Jezus voortdurend te blijven verwachten en tegelijk eerst de antichrist te verwachten. Toch heeft deze visie heel wat aanhangers. De aanhangers baseren hun overtuiging vooral op de tekst uit Openbaring waar gesproken wordt over de zevende engel die de bazuin blaast.

*'En de **zevende engel** blies de bazuin en luide stemmen klonken in de hemel, zeggende: Het koningschap over de wereld is gekomen aan onze Here en aan zijn Gezalfde, en Hij zal als koning heersen tot in alle eeuwigheden.' (Openbaring 11:15)*

We weten dat het boek Openbaring spreekt over *zeven* zegels, *zeven* bazuinen en *zeven* schalen. De aanhangers van de Opname aan het einde van de grote verdrukking gaan ervan uit dat de *zevende* engel, die de *zevende* bazuin blaast, dezelfde is als uit 1 Thess. 4:16. Maar dat is niet het geval. De zevende engel uit Openbaring blaast weliswaar de laatste in de reeks van zeven bazuinen, maar dat is daarom nog niet *'de laatste bazuin'*. Bovendien is het in de Thessalonicenzenbrief niet een *engel* maar een *aartsengel*, die de bazuin blaast. Een klein maar zeker niet onbelangrijk verschil. En wat *'de laatste bazuin'* betreft, hiervoor moeten we iets begrijpen van het Joodse bazuinfeest.

'Want de Here zelf zal op een teken, bij ***het roepen van een aartsengel*** *en bij* ***het geklank ener bazuin Gods****, nederdalen van de hemel, en zij, die in Christus gestorven zijn, zullen het eerst opstaan.' (1 Thessalonicenzen 4:16)*

'(...) allen zullen wij niet ontslapen, maar allen zullen wij veranderd worden, in een ondeelbaar ogenblik, bij ***de laatste bazuin*** *(...).' (1 Corinthiërs 15:51-52a)*

De laatste bazuin

Op het bazuinfeest, een van de zeven feesten van God, werden er 100 bazuinstoten gegeven ter inleiding van het feest. Dat waren afwisselende stoten: lange en korte ritmische bazuinstoten, afgewisseld met korte en langere intervallen. Maar hoe wist men nu dat het de honderdste ofwel *laatste bazuinstoot* was, waarmee het feest officieel werd ingeluid? Welnu, die laatste bazuinstoot was één hele langgerekte toon, zodat iedereen wist: *'Dit is de laatste bazuin, nu kan het feest beginnen!'* En dat is dus *'de laatste bazuin'* uit *de* Joodse religieuze traditie. En dat is ook de bazuin waar Paulus het over heeft.

Om de betekenis van de bazuinen beter te begrijpen, zullen we ons moeten verdiepen in de Joodse context ervan. Het mag nu duidelijk zijn dat *de laatste bazuin* uit 1 Thessalonicenzen 4 heel iets anders is dan *de zevende oordeelsbazuin* uit Openbaring 11. Omdat deze bazuin bovendien specifiek door een *aartsengel* wordt geblazen, kan men dat tekstgedeelte niet zomaar toepassen op het gegeven van de zeven oordeelsbazuinen en veronderstellen dat de Opname plaatsvindt na de zevende oordeelsbazuin uit Openbaring. Door die verwachting in elk geval een heel eind voor je uit te schuiven en eerst de antichrist en de grote verdrukking te verwachten, doe je bovenal tekort aan de opdracht van Jezus om Hem voortdurend te blijven verwachten. Vele gelovigen menen dan ook dat Jezus nog niet komt, want:

eerst moet de gemeente zonder vlek of rimpel zijn
eerst moet de tempel in Jeruzalem herbouwd worden
eerst moet de wereld bereikt zijn met het evangelie
eerst moet de antichrist openbaar worden
eerst moet de grote verdrukking komen

Hem altijd verwachten, is het ultieme motief ongeacht op welk tijdstip dit gaat gebeuren

Nu is dit zeker waar voor zover het Zijn *wederkomst* betreft, maar dit geldt niet ten aanzien van de *Opname*. We worden nergens aangespoord om:

eerst een grote opwekking te verwachten
eerst een volmaakte gemeente te verwachten
eerst de herbouw van de tempel te verwachten
eerst de grote verdrukking en de antichrist te verwachten

Daarentegen worden we wél *voortdurend* aangespoord om Jezus te verwachten, zoals ik in hoofdstuk 4 heb uitgelegd. Nu weet ik wel dat de grote verdrukking zal aanbreken, dat de antichrist komt en dat de tempel herbouwd zal worden - dat is allemaal door de profeten opgetekend. Maar mijn verwachting richt zich niet op de vervulling van *die* dingen, maar op de komst van Jezus voor Zijn gemeente. Hieraan vast te houden is ons immers nadrukkelijk als een bevel gegeven, opdat niemand die verwachting rooft voordat Hij komt, en dat is spoedig!

> *'Omdat gij het bevel bewaard hebt Mij te blijven verwachten, zal ook Ik u bewaren voor de ure der verzoeking, die over de gehele wereld komen zal, om te verzoeken hen, die op de aarde wonen. Ik kom spoedig; houdt vast wat gij hebt, opdat niemand uw kroon neme.' (Openbaring 3:10-11)*

7. De Opname komt na het millennium

Ook de visie dat de Opname na het millennium komt, wijs ik af, omdat er geen bijbelse basis voor is. We zullen er dan verder ook geen aandacht aan besteden. Ik geloof dat Jezus vóór de grote verdrukking terugkomt. Nu respecteer ik iedereen die hier anders over denkt. Ook onder mijn vrienden zijn er die oprecht geloven dat de Opname pas halverwege of aan het einde van de grote verdrukking plaatsvindt. Maar dat verandert niets aan mijn overtuiging. Zelfs niet als Jezus' komst zou uitblijven tot een later tijdstip. Het *'altijd bereid zijn'* Hem te ontmoeten, is voor mij het ultieme motief Hem te blijven verwachten, ongeacht het moment van Zijn komst.

Die houding zal niemand schade toebrengen. Integendeel, het is de houding die een geliefde, een bruid, past. Die houding maakt dat je leeft in de verwachting dat het elke dag kan gebeuren. Elke dag en niet aan het begin, het midden of het einde van de grote verdrukking. Het is dat liefdesverlangen dat ons in de juiste balans houdt. Hij komt tenslotte voor Zijn Bruid!

Hoofdstuk 8

Ben je er klaar voor?

'Doch terwijl ze heengingen om te kopen, kwam de bruidegom, ***en die gereed waren****, gingen met Hem de bruiloftszaal binnen,* ***en de deur werd gesloten****.' (Mattheüs 25:10)*

We vinden deze tekst in de bekende gelijkenis van de vijf wijze en vijf dwaze maagden, die op de komst van de bruidegom wachten. Het is een beeld van gelovigen (de tien maagden) die de Bruidegom (Jezus) tegemoet gaan. Jezus vertelt dit verhaal aansluitend op hoofdstuk 24. In dat hoofdstuk stellen de discipelen Jezus een drietal vragen:

1. Wanneer wordt de tempel afgebroken?
2. Wat is het teken van Uw komst?
3. Wanneer is de voleinding van de wereld?

In Mattheus 24 geeft Jezus in een uitvoerig betoog antwoord op deze drie vragen. Ik zou daar veel over kunnen zeggen en heb dat trouwens ook al gedaan in twee eerdere boeken van mijn hand: *De Komst van de Koning der koningen* en mijn recente boek *Kunnen deze beenderen herleven?* Maar nu gaat onze aandacht uit naar de gelijkenis die Jezus aansluitend vertelt. Deze gelijkenis heeft dan ook betrekking op die vragen uit hoofdstuk 24 en is een direct vervolg op dat hoofdstuk.

Een Joodse bruiloft

Zoals Jezus wel vaker doet, illustreert Hij zijn betoog over Zijn terugkeer als de komst van een bruidegom die Zijn Bruid komt halen. De manier waarop Hij het verhaal vertelt, past helemaal in de Joodse cultuur van die tijd. Zoals toen gebruikelijk was, liet een jongen zijn vader als eerste weten dat hij een oogje had op een bepaald meisje. Als dit meisje de goedkeuring van zijn vader had, ging deze met een beker en een zak wijn (destijds werd wijn in leren zakken gedaan) naar de vader van het meisje om te onderhandelen over een mogelijk huwelijk tussen hun kinderen. Als de vaders het eens waren geworden, dronken ze samen wijn uit die beker om het toekomstig huwelijk van hun wederzijdse kinderen te vieren.

Daarna ging de vader van de bruidgom terug naar huis en gaf die beker aan zijn zoon. De jongeman was dan zeker van de goedkeuring van beide vaders om het meisje ten huwelijk te vragen. Vervolgens zocht de jongeman naar een gepaste gelegenheid om zijn huwelijksaanzoek te doen. Net als zijn vader eerder deed, ging hij met een zak wijn en de eerder gebruikte drinkbeker naar zijn geliefde, reikte haar de beker en zei iets in de trant van: "*Deze wijn is het symbool van mijn hart, mijn ziel, mijn leven, en dat alles wil ik graag met jou delen!*"

Als het meisje de beker dan aannam en er uit dronk, stond dit gelijk aan het sluiten van een huwelijksverbond. Dit moest te zijner tijd dan nog wel publiekelijk bekrachtigd en gevierd worden. Daarna bracht hij het meisje naar huis, gaf haar de beker mee en zei zoiets als: "*Ik ga nu beginnen met de bouw van ons huis en als ik daar klaar mee ben, kom ik je halen. Neem deze beker als bewijs van mijn jawoord, als symbool van ons verbond en drink er zo vaak uit als je wilt, totdat ik je kom halen.*" Daarna ging hij naar huis en liet zijn vader weten dat het meisje zijn aanzoek had aanvaard.

Feitelijk waren ze daarmee voor de Joodse wet al man en vrouw. De Nederlandse taal kent geen apart woord voor deze status, maar wat wij *ondertrouw* noemen komt nog het dichtst bij de betekenis van dit gebeuren. Zodra de jongeman weer thuis was, ging hij aan de slag om aan hun toekomstige woning te werken. Hij kon haar dus niet zomaar halen, maar moest wachten op de goedkeuring van zijn vader. Hij wist zelf niet precies wanneer dat zou zijn, dat was aan zijn vader om te bepalen. Zodra echter die vurig verlangde toestemming er was, ging de jongeman nog niet meteen zijn bruid halen, maar eerst trommelde hij zijn vrienden op (tegenwoordig noemen we dat 'de best men'). Deze vrienden werden dan alvast vooruitgestuurd naar het huis van de bruid; bij de poort van het huis aangekomen, riepen ze dan: "De bruidegom komt eraan, de bruidegom komt eraan!"

Zodra ze dit hoorden, raakte het huis van de bruid in rep en roer; iedereen maakte zich zo snel mogelijk klaar voor de komst van de bruidegom. Zodra deze arriveerde, ontvoerde hij het meisje als het ware uit haar ouderlijk huis. Uiteraard was dit een ceremonieel gebeuren, want het gebeurde wel met goedkeuring van haar ouders, maar toch, hij ontvoerde en roofde haar als het ware uit haar ouderlijk huis en ging dan, vergezeld van de familie van het meisje, met haar naar het huis van zijn vader. Zo trok de hele bruiloftsstoet richting het vaderlijk huis, waar de bruiloft dan feestelijk werd gevierd.

Na enige tijd trok het bruidspaar zich terug in de *choepa* (een speciale kamer voor het bruidspaar), waar ze bijna zeven dagen bleven, terwijl de bruiloftsgasten al die tijd feest vierden. Op de laatste dag van het feest kwam het stel dan uit de bruidskamer. Daarbij nam de bruid dezelfde beker, waar de beide vaders eerder uit gedronken hadden en waar ze samen met haar aanstaande man ook al eens uit gedronken had, toen hij haar ten huwelijk vroeg. De derde en laatste keer dat bruid en bruidegom samen uit deze beker dronken, vond plaats in het bijzijn van alle gasten. Daarna werd de beker op de grond stukgegooid met de woorden: *"Nooit drinke meer iemand uit dit glas, want wij zijn nu voor altijd één en bij elkaar.'* Daarmee was in het bijzijn van alle genodigden het huwelijksverbond officieel bezegeld.

Tot zover dit prachtige verhaal over een Joodse huwelijkssluiting, waarin zoveel bijzondere schaduwbeelden van Christus en de gemeente verborgen zijn. Helaas hebben veel christenen geen weet van deze dingen, omdat ze de Joodse tradities niet kennen. Andersom kennen ook veel Joden het Nieuwe Testament niet, waardoor zij niet beseffen hoe hun tradities zo'n nauwkeurige voorafschaduwing vormen van het nieuwe verbond, dat Jezus inluidde op de avond waarop alle Joden het Pascha vierden om de uittocht uit Egypte te gedenken; de avond voordat Hijzelf als Pesachlam gekruisigd zou worden. Het was precies in die nacht, toen Jezus het Pascha vierde met Zijn discipelen, dat Hij zei: *"Ik heb vurig begeerd dit Pascha met u te eten, eer Ik lijd. Deze beker is het nieuwe verbond in Mijn bloed."*

Dit was typisch de taal van een Joodse bruidegom. Zijn discipelen begrepen heel goed dat Jezus de taal van een bruidegom sprak. Zij waren immers allemaal Joodse jongemannen van huwbare leeftijd; sommigen van hen waren wellicht zelf pas getrouwd, waarbij ze hun geliefde die bijzondere verbondsbeker hadden aangereikt.

De avondmaalsbeker is de
liefdesbeker van onze Bruidegom

Als Westerse christen had ik jarenlang niet in de gaten wat precies de achtergrond was van de instelling van het avondmaal, totdat iemand mij vertelde over het ritueel van de Joodse huwelijkssluiting; toen vielen ineens veel teksten op hun plaats. Ineens begreep ik wat Jezus bedoelde toen Hij zei:

> *'**Deze beker is het nieuwe verbond in mijn bloed** (…). **Ik heb vurig begeerd dit Pascha met u te eten (…)** Want Ik zeg u, Ik zal van nu aan voorzeker niet (...) drinken, voordat het Koninkrijk Gods gekomen is. (...); doet dit tot mijn gedachtenis."* (Lukas 22:15-20)

Ineens begreep ik dat die woorden van Jezus veel meer inhielden dan alleen een verwijzing naar Zijn lijden en sterven. Het was de liefdesverklaring van onze Bruidegom aan Zijn Bruid. Het was Zijn onvoorwaardelijke liefdesverklaring en tevens Zijn belofte dat Hij een plaats voor ons gereed zal maken. En als die plaats bereid is, zal Hij terugkomen om ons op te halen, zodat wij daar voor altijd met Hem zullen zijn. Toen Hij zei: "Ik zal (die beker) niet meer drinken, tot op die dag, dat Ik haar met u ***opnieuw*** zal drinken ***in het Koninkrijk van Mijn Vader***" (Matt.26:29), verwees Hij naar het drinken van de liefdesbeker in het huis van Zijn Vader op het hemelse bruiloftsfeest.

De tien maagden

Ineens begon ik de gelijkenis van de tien maagden uit Mattheüs 25 ook in een nieuw licht te zien. En ik begon te beseffen dat Zijn discipelen deze gelijkenis veel beter hebben begrepen dan wij. Zij waren immers allemaal Joodse jongemannen, opgevoed in de Joodse tradities. Ze wisten precies waar Jezus het over had. Zij konden zich helemaal vinden in dit verhaal; ze waren wellicht zelf pasgetrouwd. En anders hadden ze vast nog wel de nodige herinneringen aan het huwelijk van een goede vriend. Misschien waren ze zelfs de goede vriend geweest die vooruit gezonden werd om bij het huis van de bruid de komst van de bruidegom aan te kondigen. Als Joodse jongens hadden ze een duidelijk beeld van de huwelijkssluiting. Vanuit hun culturele achtergrond konden ze het verhaal van de tien maagden dan ook goed begrijpen.

Joodse tradities verbergen christelijke geheimenissen

Ze begrepen dat toen Jezus sprak over Zijn wederkomst, dat dit gebeuren grote overeenkomst zou vertonen met een Joodse huwelijkssluiting. Ik hoop dat deze toelichting op de Joodse huwelijkstradities u net zo zal inspireren als het mij gedaan heeft. We zien daarin namelijk een prachtige voorafschaduwing van de vereniging van Jezus met Zijn gemeente. De Bruidegom is onze Here Jezus Christus. Hij zegt tegen Zijn Bruid: Je kunt op Mij rekenen, Mijn geliefde! Mijn Woord is betrouwbaar, Ik zal er altijd voor je zijn! Drink ondertussen zo vaak je wilt uit onze liefdesbeker en denk dan aan ons verbond en aan wat Ik je beloofd heb, want Ik zal terugkomen om je mee te nemen naar ons nieuwe huis. “Nu ga Ik eerst onze plaats bereiden. Wanneer Ik daarmee klaar ben, zal Ik komen om je op te halen, zodat jij ook zult zijn waar Ik ben” (Johannes 14:2-3).

De bruidsverwachting

Denk nog eens terug aan dit verhaal, wanneer je de volgende keer avondmaal viert. Doordat ik de Joodse huwelijkstraditie leerde kennen, heb ik er een veel dieper besef van gekregen hoe belangrijk het avondmaal is. Het is niet alleen een stilstaan bij het lijden van Christus, maar ook een herinnering aan ons huwelijksverbond met Hem. Eigenlijk is de avondmaalsbeker een ‘liefdesdronk’. We drinken uit de beker en herinneren ons de belofte van onze Geliefde, die spoedig komen zal om ons te brengen naar de plaats, die Hij voor ons heeft bereid. De Bruid heeft lang moeten wachten, maar in de geest hoor ik reeds de roep van de vrienden van de Bruidegom: "De Bruidegom komt eraan!"

De Geest van God laat deze roep nu reeds krachtig over de wereld klinken. En de Bruid, dat zijn zij die Jezus verwachten, Joden zowel als christenen, zij roept het eveneens. Het is de roep om Zijn spoedige komst aan te kondigen. Ons hart zegt: Het duurt niet lang meer! Wees er klaar voor om in te gaan tot het bruiloftsfeest van onze Heer; het kan nu elk ogenblik gebeuren! De Bijbel zegt immers: "Weest ook gij bereid, want gij weet de dag, noch het uur." Dat is de verwachting van de Bruid, die ernaar uitziet om voor altijd met haar Bruidegom verenigd te worden. Die verwachting zal ons alleen maar goed doen en geen kwaad. In die verwachting wil ik leven en werken, totdat Hij komt. Wat een heerlijke verwachting en wat een voorrecht om dit goede nieuws aan alle mensen te mogen vertellen. Ja, kom Here Jezus, kom!

Nu we zicht hebben gekregen op de Joodse huwelijksrituelen, zien we dat die rituelen een heel nieuw licht werpen op de gelijkenis van de tien maagden. Het is duidelijk dat dit verhaal gaat over de komst van de Bruidegom. Maar het spreekt vooral ook over de hartsgesteldheid van de Bruid die vol verwachting uitziet naar haar Bruidegom. Laten we de gelijkenis lezen.

'Dan zal het Koninkrijk der hemelen vergeleken worden met tien maagden, die haar lampen namen en uittrokken, de bruidegom tegemoet. Vijf van haar waren dwaas en vijf waren wijs. Want de dwaze namen hun lampen mee, maar geen

olie; doch de wijze namen olie in hun kruiken, met haar lampen. Terwijl de bruidegom uitbleef, werden zij allen slaperig en sliepen in. En midden in de nacht klonk een geroep: De bruidegom, zie, gaat uit hem tegemoet! Toen stonden al die maagden op en brachten haar lampen in orde. En de dwaze zeiden tot de wijze: Geeft ons van uw olie, want onze lampen gaan uit. Maar de wijze antwoordden en zeiden: Neen, er mocht niet genoeg zijn voor ons en voor u; gaat liever naar de verkopers en koopt voor uzelf. Doch terwijl ze heengingen om te kopen, kwam de bruidegom, en die gereed waren, gingen met hem de bruiloftszaal binnen, en de deur werd gesloten. Later kwamen ook de andere maagden en zeiden: Heer, heer, doe ons open! Maar hij antwoordde en zei: ***Voorwaar, ik zeg u, ik ken u niet****. Waakt dan, want gij weet de dag noch het uur.' (Mattheüs 25:1-13)*

Wijs of dwaas

Wanneer je dit verhaal in de context bekijkt, zie je dat het naadloos aansluit op Jezus' betoog uit Mattheüs 24. Maar in deze gelijkenis legt Jezus het accent vooral op de houding en de gezindheid van de Bruid. Hij vergelijkt deze met 10 maagden. Die maagden staan samen symbool voor de gemeente van Jezus Christus. Vijf van hen noemt Hij echter *wijs* en vijf van hen *dwaas*. Let op! Jezus spreekt niet over *goed* of *slecht*. Het gaat niet over goed of slecht, maar over *wijs* of *dwaas*. Hetzelfde zien we in het verhaal van degenen, die hun huis of op de *rots* bouwen of op het *zand*. Dat verhaal gaat ook over *wijs* of *dwaas* zijn. Toch heb ik mij afgevraagd wat nu het werkelijke verschil uitmaakt tussen de wijze en de dwaze maagden. Ze lijken immers zoveel op elkaar dat het niet meevalt het verschil te zien, want:

ze zijn alle tien maagden
ze hebben alle tien hun lampen in orde gemaakt
ze zijn alle tien uitgetrokken, de bruidegom tegemoet
ze vallen allen tien in slaap
ze worden alle tien wakker
ze staan alle tien op
ze maken alle tien hun lampen in orde.

Zoek het verschil!

Ogenschijnlijk zijn ze alle tien gelijk. Maar dat is slechts schijn, want er is één ding waarin ze verschillen. En dat ene ding kwam pas op het allerlaatste moment aan het licht toen ze de bruidegom tegemoet zouden gaan. Toen kregen de dwaze maagden hun lampen niet meer aan, omdat ze geen extra olie in hun kruiken hadden meegenomen. Dat *ene* ding werd hun uiteindelijk noodlottig, want daardoor misten ze het bruiloftsfeest. Ze beseften heel goed waar het hun aan ontbrak en ze vroegen de anderen dan ook om een beetje van hun olie. Maar die spoorden hen aan om zelf olie te gaan kopen.

> Jouw intieme omgang met God
> is de extra olie in je kruik

Dat is dan ook een belangrijke boodschap voor ons allemaal. Lift ik mee op andermans geloof? Warm ik mij aan het vuur van anderen? Geniet ik van het licht dat iemand anders verspreidt of schijnt mijn eigen licht helder en heb ik zelf reserve-olie in mijn kruik? Heb ik zelf een intieme relatie met de Heer? Daar draait het uiteindelijk om. Maar goed, de vijf dwaze maagden gingen op het allerlaatste moment zelf olie kopen en toen ze dat gedaan hadden, waren ze in elk opzicht gelijk aan de andere maagden. Toch mocht hun dat niet meer baten - ze waren te laat!

Te laat!

Hoe vervelend is het te moeten wachten op je vliegtuig, maar nog veel erger is het wanneer je je vliegtuig mist. In gedachten zie ik deze maagden door de donkere nacht naar de deur van de bruiloftszaal rennen. Maar toen ze daar aankwamen, viel de deur nét in het slot. De deur werd gesloten, net zoals eens de deur van de ark van Noach door God Zelf werd gesloten. En zoals destijds de buitengesloten mensen probeerden te vluchten voor het wassende water, zo zullen de mensen ook dan proberen te vluchten voor de dingen die over de wereld zullen komen. Het zal verschrikkelijk zijn het bruiloftsfeest mis te lopen. De dwaze maagden schreeuwden nog: "*Heer, heer, doe ons open!*" Maar de heer zei: "*Voorwaar, ik zeg u, ik ken u niet!*"

Wanneer de Opname van de gemeente heeft plaatsgevonden, zullen velen plotseling beseffen dat God Zijn belofte werkelijk heeft waargemaakt. Ze zullen schreeuwen en smeken en zeggen: "Heer, Heer, doe ons open!" Net zoals de dwaze maagden deden. Ze zullen zeggen: "Heer vergeef me, nu geloof ik! Ik bekeer me en ik roep U aan, help mij en doe mij open!" Maar hun wanhoopskreten zullen tevergeefs zijn, want de deur is reeds gesloten. Ze zijn te laat! Jezus zal dan hetzelfde zeggen als wat Hij tegen de dwaze maagden zei: "Voorwaar, Ik zeg u, Ik ken u niet!"

Deze woorden klinken heel hard. Maar als we naar de grondtekst kijken, staat er voor het woord 'kennen' het Griekse woord '*oida*' wat van '*eido*' komt. Dat woord betekent: van dichtbij kennen, persoonlijke relatie, intieme omgang, gemeenschap. Je zou de tekst dus ook zo kunnen lezen: "*Wij hebben nooit een intieme relatie gehad. Je hebt nooit Mijn hart gezocht! We zijn eigenlijk vreemden voor elkaar."* Dat was het probleem van de dwaze maagden.

> De vraag is niet of jij Jezus kent,
> maar of Jezus jou kent

Wij draaien de vraag meestal om en zeggen dan: "Ken jij Jezus?" Maar de vraag is niet of jij Jezus kent, maar of Jezus jou kent. Ik kan wel zeggen dat ik koning Willem Alexander ken, maar dat wil nog niet zeggen dat hij mij kent. En dat is wat Jezus hier bedoelt. Hij zegt als het ware: *"Ik ken je niet. Ik weet eigenlijk niet wie jij bent, want je hebt jezelf nooit aan Mij bekend gemaakt. Ik weet niet wat je verlangens, je gedachten en je dromen zijn, want je hebt je hart nooit met Mij gedeeld."* De vraag is dus niet of jij Hem kent, maar of Hij jou kent. En Hij kan jou alleen maar kennen als jij een intieme relatie met Hem ontwikkelt.

Lamp en kruik

De dwaze maagden hadden wel lampen maar geen olie in hun kruiken. Die lamp spreekt van je zichtbare leven als christen. Iedereen kan het zien. Het is zichtbaar voor ieders ogen; je kerkgang, je offers, je gebeden, zelfs je bediening. Maar dat kruikje met extra olie, dat men droeg aan de gordel onder de mantel, kon je niet zien en nog minder kon je zien of er olie in dat kruikje zat. Maar hoe belangrijk is het in dit laatste uur, in dit nachtelijke uur vlak voor Zijn komst, om er olie in te hebben. Het gaat dus om je verborgen en persoonlijke omgang met de Heer. Je intieme contact met Hem kan weleens het verschil uitmaken tussen het deelhebben aan het bruiloftsmaal van het Lam of dit feest juist mislopen. Niemand kan zien hoe het met jouw kruikje zit. Het is iets wat tot op het laatste moment verborgen kan blijven. Maar in het uur van de terugkeer van Jezus, onze Bruidegom, zal de waarheid aan het licht komen. "*Want niet iedereen die tot Mij zegt: Here, Here, zal het Koninkrijk der hemelen binnengaan, maar wie doet de wil mijns Vaders, die in de hemelen is*" (Mattheüs 7:21). Het gaat dus om gehoorzaamheid en intimiteit. Dat kan het verschil uitmaken tussen deelhebben aan de Opname of achtergelaten worden en door de grote verdrukking gaan.

Ik ken u niet!

Let op wat de Bruidegom zegt: "*Ik ken u niet!*" Dat is heel wat anders dan wat Hij eerder zei: "*Ik heb u nooit gekend; gaat weg van Mij, gij werkers der wetteloosheid" (Mattheüs 7:23)*. Dat zegt Hij hier gelukkig niet. Het is geen definitief oordeel, maar wel een ernstig woord. Wanneer we in ogenschouw nemen dat er vijf wijze en vijf dwaze maagden zijn, dan zou dit kunnen betekenen, dat een deel van de kerk deel zal hebben aan de Opname en het andere deel niet. "Gaan deze mensen dan verloren?" vroeg iemand mij. Nee, niet persé, maar zij zullen geen deel hebben aan de bruiloft van het Lam. Ze zullen achterblijven en door die moeilijke tijd heen gaan. Maar dat is niet wat God wil. Hij wil dat we van deze gelijkenis een les leren. Hij wil dat we onze dwaasheid afleggen en wijs zullen worden. Hij wil het beste voor u en mij. Hij wil dat we klaar zijn om met Hem mee te gaan, klaar zijn om deel te hebben aan het bruiloftsmaal van het Lam. Dat is immers de grote heilsverwachting van de Bruid van Christus. En daarom eindigt Jezus dit verhaal met de woorden: '*Waakt dan, want gij weet de dag noch het uur.*'

Nu is de tijd!

Het is mijn oprechte gebed dat dit boek je zal aansporen om alles af te leggen en klaar te zijn voor de komst van Jezus. Wanneer je olie nodig hebt in je kruikje, dan is het nu nog niet te laat om die te zoeken bij Jezus. Het is nu nog tijd om je gewaad te laten wassen, opdat je recht mag hebben op het geboomte des levens en door de poorten mag ingaan in de stad van God (Openbaring 22:14). Het is nu nog tijd om je dwaasheid af te leggen en wijs te worden. Want een vliegtuig missen is heel vervelend, maar het beste missen dat God voor je heeft, is ronduit verschrikkelijk. Laat je bruidsverlangen vernieuwd worden en de eerste liefde voor Jezus weer oplaaien in je hart. Zoek Zijn aangezicht met heel je hart en heb Hem lief zonder reserves. Mijn boek *De Eerste Liefde* kan een goede aansporing zijn om je kruikje opnieuw te vullen en de vlammende passie van verlangen naar de Bruidegom aan te wakkeren. Laat je intimiteit met Jezus in dit uur de hoogste prioriteit hebben. Je zult er geen spijt van krijgen. Je inzet zal rijkelijk worden beloond, want je zult deelhebben aan de bruiloft van het Lam en mogen schitteren als de Bruid van Christus, die Hij verworven heeft door Zijn eigen bloed te geven op het kruis van Golgotha. Onze vereniging met Hem zal de vervulling zijn van een langgekoesterd verlangen, waar zowel de Bruidegom als de Bruid al zo lang naar hebben uitgezien. Die grote dag is aanstaande, want onze geliefde Koning komt spoediger dan menigeen denkt. Dan zal Hij Zijn Bruid wegvoeren naar het hemelse Koninkrijk, waarna er op aarde een tijd van grote benauwdheid zal zijn voor hen die zijn achtergebleven.

De gelijkenis van de tien maagden gaat over de bruiloft van het Lam. Jezus eindigt dit verhaal met de woorden:

'Waakt dan, want gij weet de dag noch het uur' (Mattheüs 25:13). Hij wil dat wij dit feest niet zullen missen, maar dat we er klaar voor zijn. Dat is dan ook precies de reden dat Jezus ons oproept om te waken. En verder zegt Gods Woord:

> *'Als de heer des huizes geweten had,* ***in welke nachtwaak de dief zou komen,*** *hij zou gewaakt hebben en in zijn huis niet hebben laten inbreken.' (Mattheüs 24:43)*

> *'(…) de dag des Heren komt,* ***als een dief in de nacht.*** *Maar gij, broeders, zijt niet in de duisternis, zodat die dag u* ***als een dief overvallen zou.'*** *(1Thessalonicenzen 5:2,4)*

> *'Maar* ***de dag des Heren zal komen als een dief****.' (2 Petrus 3:10)*

> *'Indien gij dan niet wakker wordt,* ***zal Ik komen als een dief****, en gij zult niet weten, op welk uur Ik u zal overvallen.' (Openbaring 3:3)*

> *'Zie,* ***Ik kom als een dief****. Zalig hij, die* ***waakt*** *en zijn klederen bewaart, opdat hij niet naakt wandele en zijn schaamte niet gezien worde.' (Openbaring 16:15)*

Als een dief

Al deze teksten spreken over een dief. Als de Bijbel *de dief* noemt wordt er in de regel gerefereerd aan de duivel die komt om te stelen, te slachten en te verdelgen. Maar Jezus is geen dief, alhoewel deze teksten wel zeggen dat Hij komt *als een dief*. Een dief komt in de meeste gevallen heel zachtjes en meestal 's nachts. Hij sluipt onhoorbaar binnen en neemt ongemerkt iets weg. Je hebt het niet eens in de gaten. Het gebeurt voordat je er erg in hebt. Zo snel en geruisloos gaat het. Tegen de tijd dat je het in de gaten hebt, is het al te laat en is de buit gestolen. Zo gaat het en zo werkt een dief. Nu zeggen deze teksten dat Jezus komt *als* een dief. Dit woord is vertaald vanuit het Griekse woord *'cleptos'*, waar ons woord *kleptomaan* en *kleptomanie* van afgeleid is. Jezus komt in die hoedanigheid en de vraag is: wat komt Hij dan stelen? En waarom waarschuwt Hij ons van tevoren om waakzaam te zijn? Dat is in wezen tegenstrijdig, want als je iets wil stelen, ga je de bewoners toch niet van tevoren waarschuwen? Maar Jezus waarschuwt ons wel! Hij waarschuwt ons om wakker en waakzaam te zijn, zodat we Zijn komst niet zullen missen. Hij zegt ons om klaar te zijn, zodat we met Hem mee kunnen gaan. Dus *wat* komt hij 'kleptomanen', *wat* komt Hij stelen.....? Zijn Bruid!

De bruid stelen

Precies zoals ik dat beschreven heb over de Joodse huwelijksrituelen. De bruid stuurt de vrienden vooruit. En ook dat gebeurt in het nachtelijk uur. Die roepen dan dat de Bruidegom eraan komt, zodat de bruiloftsgasten wakker worden en gereed zijn als het zover is. En dan komt de Bruidegom en ontvoert, als het ware, de bruid naar het huis van zijn vader. Op dezelfde wijze, met dezelfde beeldspraak illustreert Jezus Zijn komst voor Zijn Bruid. De nachtelijke roep is er al geweest. De Bruid is wakker. Het kan nu elk moment gebeuren. De Bruidegom gaat ons ontvoeren, wegvoeren, plotseling opnemen. En dan zullen we altijd bij Hem zijn. Om die reden worden we opgeroepen om wakker en waakzaam te zijn. Om die reden worden we aangespoord om te waken, zodat we niet door de gebeurtenis overvallen worden. Dit zegt Jezus niet in het algemeen tegen iedereen, maar juist specifiek tegen de zijnen. Tegen ons dus! Hij komt spoedig Zijn Bruid wegroven, wegvoeren - als een 'kleptomaan'. Dat is wat deze tekst betekent als Jezus zegt dat Hij komt als een dief, maar dan om op te eisen wat van Hem is.

Jezus *is* geen dief, maar Hij komt *als* een dief in de nacht

De wereld heeft geen notie van wat er staat te gebeuren. Velen lachen erom als ik vertel over de Opname, alsof we een stelletje wereldvreemde mensen zijn die in sprookjes geloven. Diezelfde spottende houding namen de mensen destijds ook aan tegenover Noach, die de ark bouwde. Maar toen kwam de dag dat God Zelf de deur van de ark sloot en de hemelsluizen opende. Ineens besefte men dat het geen sprookje was, maar vreselijke werkelijkheid. Maar toen was het te laat. De oordelen barstten los over de toenmalige wereld, terwijl Noach met de zijnen veilig was in de ark. Zo zal het ook zijn als Jezus komt, precies als in de dagen van Noach en precies als in de dagen van Lot. Nadat Lot een veilig heenkomen had gevonden, brak de hel los en werden de steden Sodom en Gomorra omgekeerd. Maar toen was het te laat. Nu is het nog niet te laat om geloof aan deze boodschap te hechten, je hart en ziel te geven aan Jezus en te leven in de verwachting van Zijn komst.

En niets houdt die verwachting zo levend als een liefdesrelatie. Het zijn geliefden die naar elkaar uitzien. En het is daarom ook niet voor niets dat de Bijbel het taalgebruik van geliefden en van het huwelijk gebruikt om de komst van Jezus en van onze vereniging met Hem te illustreren.

Dat is meer dan beeldspraak, want het zijn daadwerkelijk geliefden en hun vereniging wordt straks feestelijk voltrokken met een bruiloftsviering, waar wij voor uitgenodigd zijn.

Het eerste wonder dat Jezus deed, was trouwens ook op een bruiloft. Dat is de geschiedenis van *de bruiloft te Kana*, waar Jezus water in wijn veranderde. Dat feest vond merkwaardig genoeg plaats op *de derde dag*! Dat is geen toeval, maar opnieuw een profetische verwijzing naar onze tijd.

De derde dag

De Bijbel zegt ***"een dag is als duizend jaar en duizend jaar als een dag"*** *(2 Petrus 3:1-16)*. Dit biibelgedeelte gaat over de terugkeer van Jezus, de dag des Heren. Het spreekt over hoe God ten tijde van Noach de wereld door water heeft laten vergaan en hoe Hij de huidige wereld op dezelfde wijze als een schat voor het vuur heeft bewaard, voor de dag van het oordeel en van de ondergang van de goddeloze mensen. En dan zegt Petrus in vers 8 dat *een dag is als duizend jaar en duizend jaar als een dag* en dat God geduldig is, omdat Hij wil dat allen tot geloof zullen komen. Daarom spoort Petrus ons in ditzelfde gedeelte aan om in die verwachting te volharden, tot Hij komt. Ook Hosea profeteerde hierover, toen hij zei:

> *'Hij zal ons **na twee dagen** doen herleven, **ten derden dage** zal Hij ons oprichten, en wij zullen leven voor zijn aangezicht.' (Hosea 6:2)*

Jezus bevestigde de woorden van Hosea, toen Hij met betrekking tot Herodes zei:

'Gaat heen en zegt die vos: Zie, Ik drijf boze geesten uit en volbreng genezingen, ***heden en morgen****, en* ***op de derde dag*** *ben Ik gereed." (Lukas 13:32)*

'Jezus antwoordde en zei tot hen: Breekt deze tempel af en ***binnen drie dagen*** *zal Ik hem doen herrijzen.' (Johannes 2:19)*

'Jezus leerde hen dat de Zoon des mensen veel moest lijden (...) en gedood worden ***en na drie dagen*** *opstaan' (Markus 8:31; 9:31;10:34).*

Zijn dood en opstanding zou dan tevens het teken van Jona zijn, waarvan Jezus zei:

'Een boos en overspelig geslacht verlangt een teken, maar het zal geen teken ontvangen dan het teken van Jona, de profeet. Want gelijk Jona ***drie dagen en drie nachten*** *in de buik van het zeemonster was, zo zal de Zoon des mensen in het hart der aarde zijn,* ***drie dagen en drie nachten****' (Mattheüs 12:39-40).*

En zo gebeurde het dat Jezus op *de derde dag* opstond uit de dood. Zijn eigen dood en opstanding vormen een profetische voorafschaduwing van Jezus' handelen met Zijn gemeente. Wij leven nu aan het begin van deze *derde dag van duizend jaar*.

We vinden dit profetische teken van de derde dag ook in de geschiedenis van het bruiloftsfeest te Kana, waar Jezus zijn eerste wonder deed toen Hij water in wijn veranderde. Maar hier ontdekte ik iets merkwaardigs - in het evangelie van Johannes lezen we tot drie keer toe de uitdrukking *de volgende dag*.

Dat betekent logischerwijze dat er een dag aan vooraf is gegaan, anders zou je niet van *de volgende dag* kunnen spreken. Als Johannes die uitdrukking de eerste keer gebruikt, is die *volgende dag* dus de tweede dag.

De volgende dag is daarom dus de 2e dag (Johannes 1:29)
De volgende dag daarna is dan de 3e dag (Johannes 1:35)
De volgende dag daarna is dan de 4e dag (Johannes 1:44)
Maar dan staat er: En op de 3e dag was de bruiloft te Kana (Johannes 2:1)

Hoe kan de 3e dag pas na de 4e dag komen? Of verbergt God hier een geheim? Ik geloof dat God dit bewust zo in Zijn Woord heeft laten optekenen. Want in 6 dagen schiep God de aarde en Hij rustte op de zevende dag. Gods scheppingsweek van 7 dagen is een voorafschaduwing van Zijn 7 millennium-scheppingsdagen, waarin Hij zijn eeuwige plan met ons uitwerkt.

De eerste vier dagen zijn van Adam tot Christus
De volgende twee dagen zijn van Christus tot heden
De zevende dag is Gods grote Sabbat-Rustdag

**De derde dag na Christus
is de zevende dag van God**

Dit is het millennium, oftewel het duizendjarige vrederijk, wanneer Christus in gerechtigheid op aarde zal regeren. Dit is dan tevens de derde dag na Christus. Wij leven aan de vooravond van deze derde dag na Christus, die tevens de zevende dag na Adam is. De nacht is ver gevorderd, het eerste ochtendkrieken kondigt zich al aan; de nieuwe en zevende dag kan elk ogenblik aanbreken.

Die zevende dag is dus de derde dag na Christus, de dag van de opstanding en van de bruiloft.

Zoals Jezus zijn eerste wonder deed op een bruiloft, zo zal Hij dat ook met Zijn laatste wonder doen. Dat laatste wonder zal plaatsvinden op het grote bruiloftsfeest van het Lam, een feest waarvoor al Gods kinderen zijn uitgenodigd, een feest dat je voor geen goud zou willen missen want dit is het feest der eeuwen, een feest dat alle sprookjesbruiloften van alle voorgaande eeuwen samen, zal doen verbleken. Dat grote feest is al bijna tweeduizend jaar in voorbereiding, want Jezus ging heen om onze plaats te bereiden en spoedig komt Hij zijn Bruid wegroven en meevoeren naar dit fantastische bruiloftsfeest.

Daar zou je toch alles wel voor willen opgeven om er bij te mogen zijn - of niet dan?

Hoofdstuk 9

Het grote feestmaal

'Doch terwijl ze heengingen om te kopen, kwam de bruidegom, ***en die gereed waren****, gingen met hem* ***de bruiloftszaal*** *binnen,* ***en de deur werd gesloten****.' (Mattheüs 25:10)*

We weten allemaal dat er voor een feest veel voorbereiding komt kijken. De belangrijkste reden voor het bruiloftsfeest is uiteraard de liefde tussen bruid en bruidegom. Zij willen hun liefde bezegelen met een huwelijkssluiting in het bijzijn van al hun geliefden en vrienden. Dus plannen ze een dag, kiezen een locatie, kopen trouwkleding en ringen, regelen een diner, wijn, muziek en allerlei andere lekkernijen. En dan gaan de uitnodigingen de deur uit. Je wilt niemand overslaan. Zorgvuldig worden de gasten persoonlijk gekozen. Het is een eer als je tot de genodigden behoort, als je mag delen in het feest en in het geluk van het bruidspaar. Maar wat doe je als je zo'n uitnodiging krijgt? De meesten zullen natuurlijk gaan, maar zoals uit het volgende verhaal blijkt, zijn er ook mensen die vinden dat ze iets belangrijkers te doen hebben.

'Iemand richtte een grote maaltijd aan en nodigde velen. En hij zond zijn slaaf uit tegen het uur van de maaltijd om tot de ***genodigden*** *te zeggen: Komt, want het is nu gereed. En zij begonnen zich allen opeens te verontschuldigen. De eerste zei tot hem:* ***Ik heb een akker gekocht*** *en ik moet die noodzakelijk gaan bezien; ik verzoek u, houd mij voor verontschuldigd. En een ander zei:* ***Ik heb vijf span ossen gekocht*** *en ik ga die keuren; ik verzoek u, houd mij voor verontschuldigd. Weer een ander zei:* ***Ik heb een vrouw getrouwd*** *en daarom kan ik niet komen. En de slaaf kwam terug en berichtte zijn heer deze dingen. Toen* ***werd de heer des huizes toornig*** *en zei tot zijn slaaf: Ga aanstonds de straten en stegen der stad in en breng de bedelaars en misvormden en blinden en lammen hier. En de slaaf zei: Heer, wat gij hebt opgedragen, is geschied en nog is er plaats. En de heer zei tot de slaaf: Ga de wegen en de paden op en dwing hen binnen te komen, want mijn huis moet vol worden. Want ik zeg u:* ***Niemand van***

die mannen, welke genodigd waren, zal van mijn maaltijd proeven. *' (Lukas 14:15-24)*

Jezus heeft deze gelijkenis verteld. In de Nederlandse vertaling (NBG) staat erboven: *de gelijkenis van de verontschuldigingen*. In de Engelse Bijbel wordt dit de *gelijkenis van het grote feestmaal* genoemd. Het verhaal gaat zowel over het grote feestmaal dat de koning wilde houden, als over de verontschuldigingen van de genodigden. De koning zond zijn boden uit om de gasten persoonlijk uit te nodigen voor dit bijzondere feestmaal.

Voordat we verder kijken naar het verhaal, is het goed even bij stil te staan bij de vraag tot wie Jezus deze gelijkenis richt. Uit de context blijkt dat het niet om een evangelisatieboodschap ging, maar dat Jezus tot zijn discipelen sprak over Gods Koninkrijk. In die gelijkenis, die een waarschuwing inhoudt voor Gods kinderen, gaat het over drie soorten mensen die zich er voor verontschuldigen dat ze niet op het feest kunnen komen:

Iemand die een akker heeft gekocht
Iemand die vijf span ossen heeft gekocht
Iemand die net getrouwd is

Ze voeren hun omstandigheden aan als excuus. Je zou zeggen: ze hebben stuk voor stuk toch wel een goede reden om *niet* naar het feest te gaan? Maar de koning denkt daar anders over. Hij wordt toornig. Het maakt hem boos dat de genodigden zijn uitnodiging afslaan. We zullen zien dat het bij die genodigden juist gaat om toegewijde christenen en niet om ongelovigen.

Een akker gekocht

Wanneer je de symbolische taal van de Bijbel kent, weet je dat een akker staat voor een zendingsveld. *'De akker is de wereld'*, zegt Gods Woord. En de oogst bestaat uit mensen. Het zou hier kunnen gaan over iemand die zijn zendingsveld heeft gevonden. En nu is zijn toewijding volledig gericht op het vervullen van zijn zendingsopdracht. Hij wil naar China, Mongolië of welk land dan ook waar God hem voor geroepen heeft. Wie gaf hem die zendingsopdracht? Jazeker, de Heer van de oogst! De grote Koning Zelf roept ons om zending te bedrijven en dat moeten we ook doen. Maar als diezelfde Koning een feest wil geven, moeten we onze opdracht daaraan ondergeschikt maken. De Opdrachtgever Zelf is immers belangrijker dan de opdracht. Maar de man uit de gelijkenis heeft meer liefde voor het werk van de Heer dan voor de Heer van het werk. Feitelijk is het goede dat hij wil doen, de vijand geworden van het beste dat hij zou moeten doen. In zekere zin zou je kunnen zeggen dat zijn bediening als zendeling zijn grootste struikelblok is. Het is een afgod geworden, die hem van God afhoudt. Hij heeft geen tijd voor het feest van de grote Koning, want hij geeft een hogere prioriteit aan het werk van de Heer dan aan de Heer van het werk.

> Sommigen hebben meer liefde voor het werk van de Heer dan voor de Heer van het werk

Vijf span ossen gekocht

De bode van de koning gaat naar de volgende genodigde voor het feest. Deze man heeft net vijf span ossen gekocht. Dat zijn dus tien ossen. Wat doe je met ossen? Dat is duidelijk! Een os gebruikt je om het land te ploegen en om de oogst binnen te halen. Ossen zijn onmisbare werkers op de akker, het zendingsveld. Deze man staat voor iemand met een apostolische bediening. Iemand die een trainingsschool heeft, mensen opleidt als zendeling. Hij beschikt over een bijzonder strategisch inzicht en traint mensen om met succes als zendingswerker te worden ingezet voor de grote opdracht van de Koning, namelijk om de oogst binnen te halen. Tijd voor een feestje? Nee, nee! Dat heeft hij niet. Hij is te druk met zijn ongelooflijk belangrijke opdracht om werkers op te leiden. Hij heeft zijn radio- en tv-programma's, zijn bijbelschool en wat dacht je van de goede boeken die hij schrijft. En dat alles met één doel: ossen trainen om de oogst voor de grote Koning binnen te halen. Maar tijd voor de Koning Zelf...? Nee, dat zou maar afleiden van de Grote Opdracht. Hij heeft echter niet in de gaten dat Hij de unieke en persoonlijk uitnodiging van zijn eigen Opdrachtgever afslaat. Hij houdt meer van zijn bediening dan dat Hij zijn Heer wil dienen. "Sorry hoor, maar ik heb geen tijd!" Hoe gemakkelijk kan ons werk *voor* de Heer tussen ons en onze Heer in komen te staan. En dat is niets anders dan afgoderij.

> Gaat je inzet voor de oogst van de Heer
> ten koste van de Heer van de Oogst?

Een vrouw getrouwd

De bode gaat met de uitnodiging naar de volgende beoogde gast. Deze man is net getrouwd. Neem me niet kwalijk, maar dat is toch echt wel een goede reden om voor de uitnodiging te bedanken? Het gaat hier om een voorganger, een kerkleider. De *vrouw* spreekt van de gemeente, de kerk van Jezus, waar onze Bruidegom zijn bloed voor heeft vergoten om haar los te kopen. Wat een voorrecht om Zijn gemeente te mogen dienen. Wat een voorrecht om leider te zijn in de gemeente van Jezus Christus. Zeker weten! Dat is een roeping die niet voor iedereen is weggelegd. Je moet echt wel aan bepaalde voorwaarden voldoen. Gods Woord is daar heel duidelijk over. Het vergt een enorme toewijding en het is zeker ook niet makkelijk om voorganger te zijn van een gemeente. Maar we moeten één ding niet vergeten: het is *Zijn* gemeente en niet die van ons. En bovendien zijn we zelf deel van die gemeente, ook al zijn we aangesteld als leider. Hij is de Heer van de gemeente, het is Zijn Bruid. Deze man houdt meer van de kerk van de Heer dan van de Heer van de kerk. Ook voor deze genodigde geldt dat het goede in zijn leven de vijand van het beste is geworden. Hij doet net alsof het welzijn van de gemeente volledig onder zijn verantwoordelijkheid valt. Wat een trieste ontwikkeling dat zoiets moois zozeer in de weg kan komen te staan, dat iemand daardoor de uitnodiging van de Bruidegom afslaat en het feest van de grote Koning misloopt. Dit is opnieuw niets anders dan afgoderij. Iets wat ons van God afhoudt.

Je hebt geen tijd voor de Heer van de kerk
als je te druk bent met de kerk van de Heer

De bode van de Heer is teleurgesteld. Hij kan niet anders dan rapporteren dat de uitnodiging van de grote Koning door de genodigden is afgewezen. Met een bezwaard hart brengt hij verslag uit aan Zijn Heer. Die wordt boos, wat heel begrijpelijk is. Maar hij heeft het feest niet voor niets georganiseerd, dus zendt hij Zijn bode opnieuw uit en zegt:

"Ga de straten en stegen der stad in en breng de ***bedelaars*** *en* ***misvormden*** *en* ***blinden*** *en* ***lammen*** *hier. En de slaaf*

zei: Heer, wat gij hebt opgedragen, is geschied en nog is er plaats. En de heer zei tot de slaaf: Ga de wegen en de paden op en dwing hen binnen te komen, want mijn huis moet vol worden." (Lukas 14:21-23)

Een tragisch verhaal - de genodigden hebben de uitnodiging afgeslagen en nu worden de blinden, lammen, bedelaars en misvormden binnengebracht. Want de Koning wil dat Zijn huis vol zal worden. Doet dat niet denken aan het verhaal van de verloren zoon?

De verloren zoon

In die andere bekende gelijkenis die de Here Jezus vertelt, gaat het o.a. over de oudste zoon, die bijna dag en nacht op het land van zijn vader werkt. Maar hij heeft geen persoonlijke relatie met zijn vader. Het woord 'Vader' neemt hij zelfs niet één keer in de mond. Hij is een goede hardwerkende jongeman en toch kent hij zijn vader niet echt. Hij heeft de mentaliteit van een slaaf. Diep tragisch dat iemand zo oppassend en zo dicht bij de Vader kan zijn en tegelijkertijd toch zo ver bij hem vandaan. Je kunt je afvragen: wie was nu de echte verloren zoon - de oudste of toch de jongste?

De jongste zoon had al z'n bezit te gelde gemaakt, z'n geld verbrast met drank en vrouwen en was tenslotte aan lagerwal geraakt. Maar uiteindelijk kwam hij tot zichzelf en keerde terug naar zijn vader. Hij zei: "Vader, ik heb gezondigd tegen de hemel en tegen u, wees mij genadig!" Hij was een bedelaar geworden. Een van die bedelaars waar de koning over spreekt in de gelijkenis van Lukas 14. De vader was geweldig blij dat zijn zoon huiswaarts was gekeerd. Hij sloot hem in Zijn hart en in Zijn armen.

Maar zijn oudste broer was boos. Elke dag werkte hij van 's morgens vroeg tot 's avonds laat op de akker van zijn vader, maar voor hem was er geen feest. En nu wel voor zijn jongere broer, die zijn erfdeel verbrast had en zijn leven vergooid met drank en vrouwen. Hij wilde niet naar binnen, hij wilde geen feest vieren. Hij hield meer van zijn werk dan van zijn vader, anders zou hij zich met zijn vader hebben verheugd over de terugkeer van z'n broer.

De oudste zoon in dit verhaal is in feite een heel goede jongen. Hij doet niets fout, maar een relatie met z'n vader heeft hij niet. Hij kent zijn vader niet echt. Hij is zelfs boos dat zijn vader die 'bedelaar', die zijn erfdeel verkwanseld heeft, weer in huis neemt en dat hij ook nog een feestmaal voor hem aanricht. De oudste zoon is een geweldige werker, maar toch mist hij het allerbeste. Hij houdt er een afgod op na. Net als de genodigden van de koning houdt hij meer van het werk van de Heer dan van de Heer van het werk. O Heer, dat wij mogen leren, dat U bij ons altijd op de eerste plaats zult komen!

Is *het goede* - werken voor de Heer - de vijand geworden van *het beste* - God liefhebben?

De tragiek van de gelijkenis die Jezus vertelt, wordt vooral duidelijk in de laatste woorden van de koning: "*Want ik zeg u: **Niemand van die mannen, welke genodigd waren, zal van mijn maaltijd proeven**" (Lukas 14:24).*

Het zijn nu juist de mensen die het meest toegewijd waren aan het werk, de kerk en de oogst, die nu net het feest misliepen omdat ze het werk, de kerk en de oogst boven de Koning, de Bruidegom en de Heer van de oogst stelden.

Niemand van ons wil achteraf tot de ontdekking komen dat hij op het verkeerde paard heeft gewed en daardoor het beste is misgelopen. Maar toch gebeurt dit en niet alleen in deze gelijkenis en in het verhaal van de verloren zoon. Ook de gemeente te Efeze liep in deze valstrik, waardoor het goede wat ze deden de vijand werd van het beste. Jezus zegt over hen:

> *'Ik weet uw* ***werken*** *en* ***inspanning*** *en uw* ***volharding*** *en dat gij de* ***kwaden niet kunt verdragen*** *en hen op de proef gesteld hebt, die zeggen, dat zij apostelen zijn, maar het niet zijn, en dat gij hen leugenaars hebt bevonden; en gij hebt* ***volharding*** *en hebt* ***verdragen*** *om mijns naams wil en gij zijt* ***niet moede geworden****. Maar Ik heb tegen u, dat gij uw eerste liefde verzaakt hebt. Gedenk dan, van welke hoogte gij gevallen zijt en bekeer u en doe (weder) uw eerste werken. Maar zo niet, dan kom Ik tot u en Ik zal uw kandelaar van zijn plaats wegnemen, indien gij u niet bekeert.' (Openbaring 2:2-5)*

Er is waarschijnlijk geen kerk in het Nieuwe Testament die zo'n diepe openbaring heeft ontvangen over de verrezen Christus en over onze positie in Hem. Ze hadden een buitengewoon diep inzicht in de diepte en de rijkdom van Gods plan. Het was een gemeente vol hardwerkende, ijverige, toegewijde, onvermoeibare gelovigen. Kijk maar eens naar de lof die Jezus hun toezegt: Ik ken uw werken, inspanning, volharding, oprechtheid, het kwaad dat u niet kunt verdragen, uw scherp inzicht en onderscheidingsvermogen tussen vals en echt en dat u ondanks alle tegenstand onvermoeibaar blijft. Wat een geweldige opsteker! Stuk voor stuk eigenschappen die iemand nodig heeft als hij wil winnen. Niemand wordt kampioen zonder dit soort eigenschappen van toewijding en volharding.

Die complimenten konden ze met recht in hun zak steken; het was helemaal waar, maar...

Maar - Ik heb tegen u!

Maar dan volgt een anticlimax die een enorme schaduw werpt over al die goede eigenschappen waarvoor de gelovigen in Efeze geprezen werden: *"Maar ik heb tegen u, dat gij uw eerste liefde hebt verzaakt!"* Opmerkelijk genoeg zien we bij de Efeziërs dezelfde gezindheid als bij de oudste zoon in het verhaal van de verloren zoon: hard werken, te hard zou ik bijna zeggen. Te hard en ten koste van de relatie. Want ze werden niet langer door de liefde voor hun Heer gedreven. Was het prestatiedrang, bewijsdrang, competitie? Waren ze meer van het werk van de Heer gaan houden dan van de Heer, die hun dit werk had opgedragen? Dit laatste lijkt het geval en dat is niet wat God wil. Hij zoekt geen werkers, huishoudsters of dienstmeisjes, maar een bruid. Hij zoekt geen personeel maar een levenspartner, een geliefde.

God zoekt geen werkers maar minnaars!

De Efeziërs deden het heel erg goed, maar hun ijver ging ten koste van hun liefde voor Jezus. Uit hun voorbeeld kunnen we leren dat je kunt werken *voor* de Heer zonder Hem lief te hebben. En dat had ernstige gevolgen, want Jezus zegt: "Dit heb Ik *tegen* u, dat gij uw eerste liefde hebt verzaakt." Tragisch, zo hard werken, zoveel ijver en toch missen waar het om gaat. De eerste liefde moet altijd de eerste plaats blijven innemen, anders ben je volgens Jezus '*van een enorme hoogte naar beneden gevallen*'. Die eerste liefde staat bij Jezus dus heel hoog aangeschreven. Veel hoger dan al je zendingsijver! Als je die liefde verliest, heeft al je ijver geen nut meer, dan ben je in Gods ogen van een enorme hoogte naar beneden gevallen.

God liefhebben boven alles is het *eerste*, het *laatste* en het *enige* gebod

Diep gevallen

Bij vallen of het afvallen van het geloof denken we meestal aan duidelijk aanwijsbare zonden, zoals: overspel, moord, dronkenschap, diefstal, hoererij, liegen, stelen, haten, enzovoorts. Maar in het geval van de Efeziërs speelde dat helemaal niet. Ze leken perfecte modelchristenen en, net als de oudste zoon, werkten ze heel hard voor de Heer op Zijn akker. Daarom is het ook zo moeilijk om te zien wat er mis is. Maar in Gods ogen waren ze diep gevallen, ook al hadden ze dan op zich niets verkeerd gedaan. Het probleem was dat de passie, de hartstocht, de liefde, weg was. Ze werkten wel *voor* de Heer, maar niet meer *met* de Heer. Ze deden het goed, maar hun hart was koud. En dan valt het niet mee om te zien wat er ontbreekt. We zeggen dan ook wel dat het een christelijk werk is om heidenen te bekeren, maar een heidens werk om christenen te bekeren. En dat is hier het geval. Daarom doet God in Zijn grote liefde een waarschuwing uitgaan, een oproep om je van je lauwheid te bekeren en opnieuw de eerste werken te doen.

Het is een christelijk werk is om heidenen te bekeren, maar een heidens werk om christenen te bekeren

De eerste werken

Wat zijn dan die eerste werken? Dat is niet zo moeilijk in te zien. Denk gewoon eens even terug aan die eerste keer dat je gepakt werd door Gods liefde. Voor mij was dat zo'n veertig jaar geleden in de IJsselhallen in Zwolle, tijdens een concert van Andraé Crouch. Ik was zwaar verslaafd aan drugs, zat gevangen in diepe duisternis, werd door allerlei boze geesten gekweld en voelde mij hopeloos verloren. Maar toen kwam Jezus. Hij toonde mij Zijn liefde en ik, een keiharde junk, brak. Ik moest vreselijk huilen. Die onweerstaanbare liefde veroverde mijn verduisterde hart. Ik kon wel zingen, dansen, lachen en huilen tegelijk. Die liefde raakte mij aan en veranderde mij voor altijd. Nu ben ik veertig jaar verder, maar als die liefde niet langer de drijfveer is van mijn bestaan, word ik een zakelijke, klinische, professionele christen. Waar is het vuur van die eerste liefde dan gebleven? Dat intense verlangen, die passie? Nee, dat vuur mag nooit worden geblust, het moet altijd blijven branden! Dat is de kern van ons christen-zijn. Het is de hartenklop van God, Zijn *eerste*, *laatste* en *eeuwige* gebod: God lief te hebben boven alles!

Dat was waar voor de Israëlieten met hun tien geboden
Dat was waar in de tijd toen Jezus op aarde wandelde
Dat is waar voor ons die nu leven
Dit is waar tot in alle eeuwigheid

Ons werk voor de Heer houdt een keer op. Zeker, we moeten werken zolang het dag is! En ijver is goed, ik ben zelf ook een harde werker. Maar aan al ons werken komt een keer een eind. Zeker als we straks in de hemel komen. Daar hoeft niemand meer gered, bevrijd of genezen te worden. Daar hoeven geen kerken meer te worden gebouwd, of pastorale hulp verleend. Daar zit niemand meer op je profetie te wachten en iedereen heeft er onderscheiding van geesten. Dus als werker ben je in de hemel werkeloos. Maar de liefde die je hier op aarde uitleeft, gaat in de eeuwigheid gewoon door. Feitelijk is die liefde eeuwig, daarom is het ook het eerste, laatste en enige gebod van God. En het aloude gezegde *"rozen verwelken, en bloemen vergaan, maar wat gedaan wordt uit liefde voor Jezus, dat houdt zijn waarde en zal blijven bestaan"* is maar al te waar.

> Het gaat er niet om hoeveel je geeft, maar hoeveel liefde je stopt in wat je geeft

Wat je doet uit liefde voor Jezus heeft altijd eeuwigheidswaarde. Hoe klein het ook is! Het gaat er dan ook niet om hoeveel je geeft, maar om hoeveel liefde je stopt in wat je geeft. We beseffen niet half hoe belangrijk de liefde van ons hart is voor God. Het is zoveel belangrijker dan al ons werken voor Hem. Want we kunnen voor Hem werken, zonder Hem lief te hebben, maar ik geloof niet dat we Hem kunnen liefhebben, zonder voor Hem te werken. Als een logisch gevolg van die liefde worden we bewogen en komen we in beweging. Maar je kunt Gods liefde niet afkopen door maar veel te doen of veel te geven. Andersom zal echte liefde altijd *geven* tot gevolg hebben. Precies zoals God Zelf doet:

> *"Also lief heeft God de wereld gehad dat Hij* ***zijn eniggeboren Zoon gegeven heeft****, opdat een ieder die in Hem gelooft niet verloren gaat, maar eeuwig leven hebbe!" (Johannes 3:16)*

Liefde geeft

Ook bij het laatste oordeel van de Koning worden de volken beoordeeld op hun liefde voor Hem toen Hij incognito aan hen verscheen als zieke, gevangene, vluchteling, hongerige, naakte of arme. De ultieme maatstaf van Zijn oordeel is niet hoeveel je van de Bijbel weet, hoe trouw je was als kerkganger, hoeveel je hebt gepreekt, gevast, gebeden, of hoeveel je hebt gegeven. Het gaat er niet om of je kerken hebt gebouwd, demonen uitgedreven of zieken genezen (ook al is dat onze opdracht). Nee, het ultieme oordeel richt zich op wat je voor je naaste hebt gedaan. Want wat je voor hen doet (of nalaat te doen), heb je ook aan Jezus gedaan.

> *'Voorwaar, Ik zeg u, in* ***zoverre gij dit aan één van deze mijn minste broeders hebt gedaan****,* ***hebt gij het Mij gedaan****.'* *(Mattheüs 25:40)*

> *'Voorwaar, Ik zeg u, in* ***zoverre gij dit aan één van deze minsten niet gedaan*** *hebt,* ***hebt gij het ook aan Mij niet gedaan****. En dezen zullen* ***heengaan naar de eeuwige straf****, maar de rechtvaardigen naar* ***het eeuwige leven****.'* *(Mattheüs 25:45-46)*

Er is dus geen ruimte voor passief wachten op de komst van Jezus en ondertussen je ogen te sluiten voor de nood van de wereld om je heen. Nee, Jezus was daar heel duidelijk over toen Hij sprak over Zijn wederkomst.

> *'Daarom, weest ook gij bereid, want op een uur, dat gij het niet verwacht, komt de Zoon des mensen. Wie is dan* ***de trouwe en verstandige slaaf, die de heer over zijn dienstvolk gesteld heeft om hun op tijd hun voedsel te geven****?*

Zalig die slaaf, die zijn heer bij zijn komst zó bezig zal vinden. Voorwaar, Ik zeg u, dat hij hem over al zijn bezit zal stellen.*' (Mattheüs 24:44-48)*

De mensen die niet geloven in de Opname betichten de voorstanders nogal eens van luiheid en onverschilligheid ten aanzien van de nood van deze wereld. Nu is dit verwijt niet altijd onterecht, want er zijn mensen die zich inderdaad schuldig maken aan die houding. Die heeft echter weinig of niets te maken met het geloof in de Opname, maar veeleer met een verkeerde gesteldheid van het hart. Bovendien is dat verwijt niet een aan de Bijbel ontleend argument om daarmee de leer van de Opname te verwerpen.

Natuurlijk is het goed om vol bewogenheid om te zien naar de noden in deze wereld. Ik kan met overtuiging zeggen dat ik dat zelf ook doe. Kijk maar eens naar onze projecten in India (www.abbachildcare.org). Je ziet daar dat ik niet alleen maar naar de hemel sta te staren, in afwachting van Jezus' komst. Nee, mijn verwachting is dynamisch; in de tussentijd ben ik bezig Gods 'dienstknechten' op tijd hun voedsel te geven.

Maak nooit je *werk voor* de Heer
los van je *verwachting van* Zijn komst

Als we *ons werk voor de Heer* losmaken van *onze verwachting van de Heer*, lopen we het risico dat we helemaal doorslaan en volledig worden opgeslokt door een sociaal evangelie, dat zich alleen nog maar bezig houdt met het verbeteren van de wereld. Dat was nooit Gods bedoeling. Het is de voedingsbodem van de 'Kingdom-Now'-theologie, die in eigen kracht Gods Koninkrijk op aarde wil realiseren, maar die met de Koning Zelf en met Zijn komst geen rekening meer houdt. Wat voor Koninkrijk moet dat dan wel zijn als de Koning Zelf nog niet gekomen is? Zonder postbode geen post, zonder bakker geen brood en zonder Koning geen Koninkrijk!

Als we alle teksten uit dit hoofdstuk op een rijtje zetten, zien we dat ze allemaal betrekking hebben op de komst van Jezus. Bovendien eindigen ze allemaal met een ernstige waarschuwing...

Tegen de vijf dwaze maagden

'Maar hij antwoordde en zei: Voorwaar, ***ik zeg u, ik ken u niet****. Waakt dan, want gij weet de dag noch het uur.' (Mattheüs 25:12)*

Tegen de genodigden van het feest

'Toen ***werd de heer des huizes toornig*** *en zei tot zijn slaaf:* ***Niemand van die mannen, welke genodigd waren, zal van mijn maaltijd proeven****.' (Lukas 14:21a, 24)*

Tegen hen die hun eerste liefde hadden verloren

'Maar Ik heb tegen u, dat gij uw eerste liefde verzaakt hebt. ***Gedenk dan, van welke hoogte gij gevallen zijt*** *en bekeer u en doe (weder) uw eerste werken.* ***Maar zo niet, dan kom Ik tot u en Ik zal uw kandelaar van zijn plaats wegnemen****, indien gij u niet bekeert.' (Openbaring 2:2-5)*

Tegen hen die niets deden voor hun medemens

'In zoverre gij dit aan één van deze minsten ***niet gedaan hebt****, hebt gij het ook* ***aan Mij niet gedaan****. En dezen zullen* ***heengaan naar de eeuwige straf (...).'*** *(Mattheus 25:45-46)*

Tegen hen die Jezus niet meer verwachten

'Maar als die slaaf slecht was, en in zijn hart zou zeggen: ***Mijn heer blijft uit****, en hij zou beginnen zijn medeslaven te slaan en met de dronkaards zou eten en drinken, dan zal de heer van die slaaf komen op een dag, dat hij het niet verwacht, en op een uur, dat hij het niet weet, en* ***hij zal hem folteren en hem in het lot der huichelaars doen delen****. Daar zal het geween zijn en het tandengeknars.' (Mattheus 24:48-51)*

Ernstige waarschuwingen

Als je al deze ernstige waarschuwingen in de wind slaat, ben je toch echt dom. Als je God vreest en Jezus liefhebt, zal je de waarschuwingen van Jezus ter harte nemen. Dan zal je ernaar jagen zo te leven dat de Heer trots op je kan zijn en tegen jou zal kunnen zeggen: "*Wèl gedaan, gij goede en getrouwe slaaf, over weinig zijt gij getrouw geweest, over veel zal ik u stellen; ga in tot het feest van uw heer.*" "*Voorwaar, Ik zeg u, dat hij hem over al zijn bezit zal stellen*" (Mattheüs 25:21 24:47). Dat is toch wat we allemaal graag willen horen? We willen zeker niet bij de mensen horen van wie Jezus zegt:

Ik ken je niet
Ik ben boos op je
Je mag niet op mijn feest komen
Ik neem je lamp weg (duisternis)
Ga naar de eeuwige straf
Ik zal je folteren en in het lot der huichelaars doen delen

Het is een humanistisch Christendom dat alleen de teksten eruit filtert die ons prettig in de oren klinken. Als we Gods Woord nemen voor wat het is, dan zijn er beloften, enorme beloften voor hen die gehoorzaam zijn, maar ook vervloekingen voor hen die Zijn Woord verwerpen. Deze beiden vinden we vaak in één tekst, zoals in deze:

> *'En dezen zullen* ***heengaan naar de eeuwige straf****, maar de rechtvaardigen naar* ***het eeuwige leven****.' (Mattheüs 25:45-46)*

Als we de eeuwige straf niet serieus nemen, zou het hypocriet zijn om het eeuwige leven wel serieus te nemen. Ik heb een prediker gekend die beweerde dat de eeuwige straf bestond uit het verbrandingsproces, waarna het vuur uitdooft. We zouden dus niet eeuwig branden, zo was zijn redenering. Maar deze opvatting is ingegeven door het humanistische denken. We moeten echter goed beseffen dat als *het vuur dat niet uitgedoofd wordt en de worm die niet sterft* niet eeuwig is, dan is ook het eeuwige leven niet eeuwig. De Bijbel gebruikt in beide gevallen immers hetzelfde woord voor *'eeuwig'*. En dat woord betekent: *zonder begin en einde, dat wat altijd geweest is en altijd zijn zal, nooit eindigend, eeuwig*. Indien de straf wel zou eindigen dan zou ook het eeuwig leven eindig zijn.

Zoals de *rechtvaardigen* delen in het *eeuwige leven,* zo zullen de *goddelozen* delen in de *eeuwige straf.*

Natuurlijk is het bovenstaande moeilijk te vatten voor ons menselijk verstand, maar dat is nog geen reden om Gods Woord geweld aan te doen. Zoals de rechtvaardigen zullen delen in *het eeuwige leven* (zonder begin en einde) zo zullen de goddelozen delen in *de eeuwige straf* (zonder begin en einde). Punt uit! Het is wel des te meer een reden om God te vrezen, zijn Woord serieus te nemen en met verwachting uit te blijven zien naar Zijn komst. Want het is juist de verwachting van de komst van onze Koning, die het Koninkrijk in al zijn volheid zal openbaren, die ons in de juiste balans houdt.

En die verwachting kan je alleen maar levend houden als je hart gegrepen is door je liefde voor Jezus. Het is dan ook de verwachting van de Bruid die ons de veerkracht geeft Hem voortdurend te blijven verwachten.

Hoofdstuk 10

De bruids-verwachting

*'En de **Geest en de Bruid** zeggen: **Kom**! En wie het hoort, zegge: **Kom**! En wie dorst heeft, **kome**, en wie wil, neme het water des levens om niet. Hij, die deze dingen getuigt, zegt: **Ja, Ik kom spoedig**. Amen, **kom**, Here Jezus!'*
(Openbaring 22:17, 20)

Op de *laatste* bladzijde van het *laatste* boek van Gods Woord lezen we over de *laatste* gedachtenwisseling, de dialoog tussen de Bruid en de Bruidegom. En daarbij zijn de *laatste* woorden van Jezus: *"Ja, Ik kom spoedig."*

> De werkelijkheid van God is mooier dan de mooiste sprookjes

Laatste woorden worden in de regel bedachtzaam gekozen. Onze laatste woorden blijven vaak het langst hangen, want dat is de laatste indruk die je achterlaat. Onze God heeft Zijn laatste woorden dan ook heel nauwkeurig gekozen. Je kan zeggen dat het laatste thema van Gods Woord de vereniging van Bruid en Bruidegom betreft. Het gaat niet over genezing, vergeving, geestesgaven, het kruis, hemel of hel, de komst van Zijn Koninkrijk, het laatste oordeel of de eeuwigheid. Niets van dat alles! Het spreekt uitsluitend over de liefdesrelatie van Jezus de Bruidegom met Zijn Bruid, de gemeente. Het is zoals in veel sprookjes, die eindigen met de woorden: *"En ze leefden nog lang en gelukkig!"* In werkelijkheid is het natuurlijk precies andersom. De Bijbel lijkt niet op de sprookjes, maar de sprookjes lijken op de Bijbel. Met dit verschil dat de sprookjes fantasieverhalen zijn en de Bijbel de werkelijkheid van God is. Alle sprookjes samen verbleken bij de werkelijkheid van Gods Woord.

Een happy end

Ze leefden nog lang en gelukkig is meer dan een euforisch wensdenken, het is de belofte die spoedig werkelijkheid zal worden. Tot die tijd verzekert Gods Woord ons dat Zijn genade met ons zal zijn, zoals het allerlaatste vers uit de Bijbel zegt. Wat een troostvolle en hoopvolle afscheidswoorden van onze geliefde Heer. Daarmee bevestigt en verzekert Hij ons dat Zijn woord, *"ja en amen"* is! Hij komt om ons te halen en dan zullen we voor altijd bij onze Geliefde Heer zijn. Dat is beslist geen sprookje uit een verhalenboek, maar de werkelijkheid van onze God. Jazeker, Gods boek is een boek met een *happy-end*. Preteristen en Kingdom Now-aanhangers zijn ervan overtuigd dat wij het slachtoffer zijn van misleiding. Volgens hen is Jezus immers allang teruggekomen. In hun ogen zijn wij verblind; wij hebben de Geest van God niet, anders zouden wij die openbaring toch allang gekregen hebben. Veelal wordt er cynisch gereageerd op gelovigen die er anders over denken, zo in de trant van:

"Ach man, je zit maar wat te dagdromen over iets wat toch niet gaat gebeuren. Hou jezelf toch niet langer voor de gek. Al dat romantische gezwijmel verandert niets aan de werkelijkheid. Laat je liever leiden door de Geest van God om iets aan de nood van deze wereld te doen, in plaats van te geloven in sprookjes!"

De Geest en de Bruid

Blijkbaar beseffen deze mensen niet dat we *juist* door Gods Geest geleid worden wanneer we uitroepen: *"Kom!"* Het is immers de Geest van God Zelf die roept: *"Kom!"* Het is feitelijk een close-harmony-duet van Gods Geest en de Bruid die samen verlangen en roepen om de komst van Jezus. Het woord *'Geest'* wordt in deze tekst trouwens met een hoofdletter geschreven. Het betreft daarom de Heilige Geest. Gods Geest Zelf verlangt en roept *met* ons en *in* ons om de komst van Jezus. En de Bruid roept het samen met de Geest. Opmerkelijk daarbij is dat er hier niet gesproken wordt over:

de gemeente
de gelovigen
de heiligen
de kerk
de christenen
de verlosten...

... maar over de Bruid. Jezus komt voor Zijn Bruid! En die bestaat weliswaar uit mensen die bij de gemeente horen, die in Jezus geloven, zich christen noemen, deel van de kerk uitmaken, verlost zijn en heiligen worden genoemd. Maar al zijn al die benamingen op jou van toepassing, dat wil nog niet zeggen dat je de gezindheid van de Bruid hebt.

Vele wateren kunnen de liefde niet blussen

Wat is een bruid?

Een bruid is een meisje dat verliefd is op de man van haar dromen en dat reeds in ondertrouw met hem is. Om die reden zal zij zichzelf rein bewaren voor haar geliefde en niet koketteren met haar schoonheid of flirten met andere mannen. Ze behoort die ene man toe en wil er helemaal alleen voor hem zijn. Ze ziet met een intens verlangen uit naar de dag dat hij haar komt halen om voor altijd één te zijn met Hem, haar geliefde bruidegom. Ze leeft in gespannen verwachting en ziet met heel haar hart uit naar die grote dag. Hoewel ze druk is met haar werk, is haar hart voortdurend vervuld van haar geliefde. Ze kent een onverzadigbaar verlangen om bij hem te zijn. Het gemis doet pijn en het wachten lijkt lang te duren, maar de zekerheid van zijn liefde geeft haar de kracht om te wachten. Ze is als de bruid uit Hooglied, die zegt:

> *'Trek mij achter u mee, in uw schaduw begeer ik te zitten. Sterk mij, want ik bezwijm van liefde. Want kostelijker dan wijn is uw liefde. Hoor - mijn geliefde! Zie, daar komt hij! Mijn geliefde gaat tot mij spreken. Op mijn legerstede des nachts zocht ik mijn zielsbeminde; ik zocht hem, maar ik vond hem niet. Ik wil opstaan en rondgaan in de stad, op straten en pleinen en mijn zielsbeminde zoeken. Ik greep hem vast en wilde hem niet loslaten. Ik sliep, maar mijn hart was wakker. Hoor, mijn geliefde klopt aan; hij stak zijn hand door de opening en mijn hart werd onstuimig over hem. Ik deed mijn geliefde open, maar mijn geliefde was weg, verdwenen! Mijn ziel bezwijmde, toen hij sprak, ik zocht hem, maar vond hem niet, ik riep hem, maar hij antwoordde mij niet.'* (uitspraken uit Hooglied)

Dit onuitblusbare en onverzadigbare verlangen naar haar geliefde typeert de bruid. Niets en niemand kan dit hartsverlangen uit haar hoofd praten of uit haar hart roven. Geen alternatief kan *zijn* plaats innemen, elk aanbod zou ze smadelijk afwijzen, alleen *hij* is goed genoeg!

> *'Vele wateren kunnen de liefde niet blussen en rivieren spoelen haar niet weg. Al bood iemand alles wat hij bezit voor de liefde, smadelijk zou men hem afwijzen.' (Hooglied 8:7)*

God liefhebben boven alles

God liefhebben is en blijft het eerste en enige gebod. Wat dat betreft heeft de bruid uit Hooglied de juiste gezindheid. Voor haar is en blijft haar geliefde prioriteit nummer één. Maar hoe anders is dat vandaag de dag in veel gemeenten. Velen zijn druk met kerkstructuren, teambuilding, managementprogramma's en het bouwen van een gezonde cultuur zoals men dat noemt. Anderen zijn vooral druk met het behoud van de schepping, het klimaat en niet te vergeten het redden van zeehondjes. Over de kindermoord in de moederschoot hoor je ze echter niet. Dienstbaarheid aan de samenleving, duurzaamheid en behoud van de schepping zijn de nieuwe motto's. Klinkt dat niet prachtig en is dat niet precies wat God wil?

Vanuit hun dominion-theologie zien ze het als een goddelijke opdracht om de aarde te maken tot een voetbank voor Zijn voeten. "We zijn immers geroepen om te heersen!" zeggen ze dan. Ook zijn er kerken die zich vooral inzetten voor maatschappelijke vraagstukken, zoals hulpverlening en zorg voor armen, vluchtelingen, verslaafden, weduwen en wezen. Onder het motto: We moeten een relevante kerk zijn!

Maar dat zijn toch stuk voor stuk goede zaken? Absoluut! Maar waar is de naam van Jezus in dit alles? Zelf ben ik ook druk in India met ondersteuning van weduwen en wezen. Toen we aanklopten bij hulporganisaties als Cordaid, Wilde Ganzen en de Postcode Loterij, bleken we niet in aanmerking te komen voor hun fondsen, omdat we te 'christelijk' zijn. Als we de naam van Jezus nu eens weglieten, dan zou ondersteuning van ons project opnieuw in overweging kunnen worden genomen. Op zulke momenten heb ik wel sterk de verleiding gevoeld ons werk iets minder christelijk te profileren om alsnog in aanmerking te komen voor de financiële steun van deze organisaties. Maar toen ik besefte welke prijs ik daarvoor moest betalen, heb ik hun aanbod smadelijk afgewezen. Ik ben een christen, door Gods liefde gedreven; dat mag iedereen weten. Voor mij is God degene die voorziet in al mijn behoeften en niet een of andere seculiere maatschappelijke organisatie.

Hoeveel kerken doen vandaag echter water bij de wijn om 'de wereld te winnen'? Kortgeleden nog hoorde ik van een kerk die wil dat de zangleidsters er sexy en aantrekkelijk uitzien, met korte rokjes en diepe decolletés, om daarmee maatschappelijk relevant te zijn voor de moderne samenleving.

God is de bron die voorziet
in al onze behoeften

Ook de muzikanten moeten in de spotlights op de juiste wijze ritmisch meebewegen met de muziek en op de juiste momenten in de camera kijken, om een spetterende show te kunnen neerzetten. En dat is het: een show! Maar waar is Jezus nog in dit verhaal? Hij zou het middelpunt moeten zijn van onze samenkomsten en niet de mensen die naar een 'show' komen kijken. Veel kerken maken zich er dan ook meer druk over hoe ze *mensen* in de kerk krijgen dan hoe ze *God* in de kerk krijgen. Ze zijn meer bezorgd vanwege mensen die weglopen dan over het feit dat God wegloopt. Ze maken zich meer druk over de airconditioning dan over de conditie van hun hart. Allerlei zonden worden getolereerd, want: '*die ouderwetse doemprediking is niet meer van deze tijd!*', zeggen ze. In al deze ontwikkelingen zien we een geprofessionaliseerde, passieloze kerk, een kerk die lauw is en onaantrekkelijk, een kerk waarvan God zegt dat Hij haar uit Zijn mond zal spugen.

God zegt: als je lauw bent,
zal Ik je uit Mijn mond spugen

Over bekering, levensheiliging, de wederkomst van Christus en het naderend oordeel wordt niet gesproken, want dat zou teveel beroering geven. Men spreekt liever over voorspoed en rijkdom. Maar waaruit blijkt dan het bruidsverlangen van deze kerken? Zo'n kerk heeft haar glans en vuur verloren, haar eerste liefde verzaakt. Het is een kerk die meent rijk te zijn - men spreekt immers over voorspoed, welvaart, zegen, rijkdom en eindeloze genade - maar ze is in werkelijkheid arm en blind en naakt. Geen wonder dat Jezus hen uitdaagt en van hen zegt:

> *'Ik weet uw werken, dat gij noch koud zijt, noch heet. Waart gij maar koud of heet! Zo dan,* ***omdat gij lauw zijt*** *en noch heet, noch koud,* ***zal Ik u uit mijn mond spuwen****. Omdat gij zegt: Ik ben rijk en ik heb mij verrijkt en heb aan niets gebrek,* ***en gij weet niet, dat gij zijt de ellendige en jammerlijke en arme en blinde en naakte****, raad Ik u aan van Mij te kopen goud, dat in het vuur gelouterd is, opdat gij rijk moogt worden, en witte klederen, opdat gij die aandoet en de schande uwer naaktheid niet zichtbaar worde; en ogenzalf om uw oogleden te bestrijken, opdat gij zien moogt.' (Openbaring 3:15-18)*

Moet dit de aantrekkelijke, stralende, gepassioneerde Bruid voorstellen? De Bruid die vol verlangen uitziet en samen met Gods Geest roept: "Kom, Here Jezus kom!"

> De vraag is niet: hoe krijgen we mensen in de kerk?
> Maar: hoe krijgen we God in de kerk?

Nee, de boodschap van bekering, heiliging, het oordeel en Jezus' wederkomst wil men veelal niet horen en wie het wel waagt deze onderwerpen aan te snijden, loopt het gevaar buiten de deur te worden gezet. Misschien heb je nu zin dit boek aan de kant te gooien; misschien wil ook jij deze waarheid niet horen. Het doet je pijn, het staat in schril contrast met alles wat je tot nu toe hebt gehoord.

Het is te confronterend, te pijnlijk; je kunt het nauwelijks verdragen. Om jezelf te rechtvaardigen zou je mij als doemdenker kunnen kwalificeren, wettisch, ouderwets, niet relevant, blind voor de nieuwe openbaringen van deze tijd, negatief ingesteld, onrealistisch en veroordelend. Het deert mij niet wat je van mij vindt, want de waarheid is de waarheid en die waarheid zal je vrijmaken als je haar aanvaardt. Velen willen echter de gezonde leer niet meer horen; ze kunnen die niet verdragen, aangezien hun gehoor verwend is door een boodschap die hen in slaap sust (2 Timotheus 4:3-4).

De waarheid maakt je vrij,
maar eerst wordt je er ziek van

Om de 'rust' en 'vrede' te bewaren, zullen velen hun geweten willen sussen door de boodschappers van God belachelijk te maken en hen het zwijgen op te leggen. Maar door de waarheid af te wijzen, blijf je slaaf van de leugen. En als dat zo doorgaat, zal de kerk steeds verder van de waarheid afglijden en steeds dieper in leugens gevangen raken.

De kerk die volhardt in deze dwaling, lijkt in de verste verte niet meer op de Bruid die samen met Gods Geest vol verwachting uitziet naar de komst van de Bruidegom. De oproep van Jezus om terug te keren tot de eerste liefde en opnieuw de eerste werken te doen, is daarom dan ook zo belangrijk. Als heraut van de grote Koning, blaas ik de bazuin en wil ik u oproepen om terug te keren tot die eerste liefde en u klaar te maken voor Zijn komst, zoals Joël zegt.

'Vergadert het volk, heiligt de gemeente, roept de ouden bijeen, vergadert de kinderen en de zuigelingen; ***de bruidegom***

trede uit zijn kamer *en* ***de bruid uit haar bruidsvertrek****.'*
(Joël 2:16)

Het boek Joël gaat over de dag des Heren, de dag des oordeels die komen gaat. Dat is een tijd van grote beproeving, hongersnood en strijd. Het lijkt heel erg op de tijd waarin wij nu leven. Om die reden lezen we in hoofdstuk 2 de oproep om de bazuin te blazen en alarm te slaan. Dat doe ik eigenlijk ook met dit hoofdstuk. Joël spreekt over een oproep om te vasten, te bidden, God te zoeken en alle gelovigen, oudsten, kinderen en zuigelingen bij elkaar te roepen. Maar dan zegt Joël ineens iets bijzonders. Hij spreekt over de bruidegom die uit de slaapkamer en de bruid die uit haar bruidskamer treedt. Dit plechtige gebeuren vond plaats vlak voordat het huwelijk officieel werd beëdigd op de zevende en laatste dag van het grote bruiloftsfeest. Wij leven in die betekenisvolle tijd en daarom is deze oproep zo belangrijk.

Maar de vraag die zich hierbij aan ons opdringt is: wat verwacht God dan nu van ons? Wat moet ik wél doen en wat niet? Hoe breng ik dit in praktijk; hoe geef ik handen en voeten aan mijn verwachting? Hoe zou ik dan moeten leven? Dat is het onderwerp van ons volgende hoofdstuk.

Hoofdstuk 11

Hoe zouden wij dan leven?

'Niemand heeft grotere liefde, dan dat hij zijn leven inzet voor zijn vrienden.' (Johannes 15:13)

We hebben het vooral gehad over de liefde van de Bruid voor de Bruidegom, maar we zouden de Bruidegom geen recht door als we Zijn liefde voor de Bruid buiten beschouwing laten. Want Jezus heeft oneindig veel meer liefde voor ons getoond, dan wij voor Hem. Hij heeft gezegd dat de grootste vorm van liefde is dat je je leven inzet voor anderen en Hij heeft die woorden Zelf ook in praktijk gebracht. Hij heeft Zijn leven niet alleen ingezet, Hij heeft het zelfs afgelegd. Het was Gods grote liefde voor ons dat Hij Zijn Zoon gegeven heeft. En de Zoon heeft Zijn leven afgelegd in de dood, opdat wij uit onze dood-door-de-zonde zouden opstaan tot nieuw leven in Hem. Jezus deed dit voor ons aan *Zijn kruis*. En nu nodigt Hij ons uit om in navolging van Hem ook zelf *ons kruis* op ons te nemen.

> *'Wie **zijn kruis** niet opneemt en achter Mij gaat, is Mij niet waardig. Wie zijn leven vindt, zal het verliezen, maar **wie zijn leven verliest om Mijnentwil, zal het vinden**.'*
> *(Mattheüs 10:38-39)*

Na alles wat we besproken hebben, komen we nu bij de vraag: hoe zouden wij dan moeten leven? Aan de ene kant is dat vrij simpel, maar tegelijk is het ook moeilijk. Want het kan alleen als wij *ons* kruis aanvaarden. Jezus stierf voor ons aan *Zijn* kruis, zodat wij in Hem kunnen leven. Maar wij moeten sterven aan *ons* kruis, zodat Hij in ons kan leven.

Jezus stierf aan *Zijn* kruis, zodat ik *in Hem* kan leven
Ik sterf aan *mijn* kruis, zodat Hij *in mij* kan leven

Sterven om te leven

Het lijkt paradoxaal, maar dat is het hele Evangelie. De dood van Jezus voor onze zonden blijft een dwaasheid voor de wereld, maar voor hen die het aanvaarden, is het de grootste stimulans om het eigen kruis op te nemen. Sterven aan jezelf is geen straf, maar juist de ultieme sleutel om te leven voor Hem. De Bruid leeft voor het geluk van haar Bruidegom, omdat de Bruidegom Zijn leven gaf voor het behoud van Zijn Bruid.

We leven in een wereld die op haar einde loopt, dus waarom zou je compromissen sluiten om de gunst van mensen te verwerven, als je daarmee de gunst van God verspeelt? We moeten juist ver wegblijven van de verleidingen van de wereld en ernaar jagen de dingen van God te zoeken. Zodat we klaar zijn voor Zijn komst, zoals Petrus zei:

> *'Daar al deze dingen aldus vergaan, hoedanig behoort gij dan te zijn in heilige wandel en godsvrucht,* ***vol verwachting u spoedende naar de komst van de dag Gods****, ter wille waarvan de hemelen brandende zullen vergaan en de elementen in vuur zullen wegsmelten.'* (2 Petrus 3:11)

Welke dingen zijn dat dan?

Na de voorgaande overdenkingen komen we nu op het punt dat we een vertaalslag moeten maken naar het dagelijks leven. Hoe we moeten leven in het licht van de dingen die gaan komen, heeft zowel met ons hart als met onze wandel te maken. Het gaat er om hoe we denken, wat we voelen, wie en wat we liefhebben en waar we naar kijken. Maar het gaat ook om wat we zeggen, om wat we doen met onze tijd, ons geld, onze eigendommen. Het betreft ons hele leven: ons denken, voelen, spreken, heel onze handel en wandel. En we doen deze dingen dus niet om gered te worden, maar juist omdat we gered zijn. We werken niet voor God in de hoop dat Hij dan wel van ons zal houden. Nee, we doen deze dingen, omdat we weten dat Hij van ons houdt! We doen die dingen niet voor Gods liefde, maar door Gods liefde.

We werken niet *voor* Gods liefde, maar we werken voor Hem *door* zijn liefde

In het Johannes evangelie wordt het prachtig onder woorden gebracht: "*Wie mijn geboden heeft en ze bewaart (doet), die is het, die Mij liefheeft*" (Johannes 14:21). Wat Jezus hier zegt, heeft niets te maken met werken voor je redding. Integendeel, de kern van wat Hij zegt is: "*Omdat je van Mij houdt, en je hart voor Mij geopend hebt, kon ik Mijn wetten in je hart schrijven en het bewijs van je liefde voor Mij zie Ik nu terug in alles wat je doet!*

We zijn niet gered door *onze werken*, maar om *de werken Gods* te doen

Het is de natuurlijke uiting van onze dankbaarheid dat wij Zijn liefde willen beantwoorden door ons naar Hem uit te strekken, Hem te willen behagen, Hem lief te hebben en Hem te gehoorzamen. Ik zeg dit met nadruk, omdat ik besef dat sommigen denken dat ik hun opnieuw wetten wil opleggen, maar dat is beslist niet het geval. Liefde is de drijfveer; wie een vriend van Jezus is, zal altijd willen doen wat Hij hem of haar opdraagt (Johannes 15:14).

Het hart van Jezus

Tijdens een bijzondere ontmoeting met Jezus, zag ik Zijn brandende hart. Het was als een vulkaanmond waaruit gloeiende lava stroomde - een stroom van wit-hete, gloeiende, onvoorwaardelijke, onweerstaanbare liefde.

Die liefdesstroom welde op uit Zijn binnenste en stroomde naar mij toe. Ik werd overweldigd door die onweerstaanbare en overweldigende stroom van liefde die mijn hart binnenstroomde. Ik barstte in tranen uit en viel op de grond, gearresteerd door die onophoudelijke, nooit-eindigende stroom van Zijn liefde. En toen sprak Hij tot mij.

Liefde is Zijn drijfveer

Jezus vroeg mij: "*Waarom denk je dat ik mensen wil redden, zieken wil genezen en gebondenen wil bevrijden?*" En Hij vervolgde: *"Ik wil mensen redden, omdat Ik van ze houd; Ik wil ze genezen, omdat Ik van ze houd en Ik wil ze bevrijden, omdat Ik van hen houd!"* Eigenlijk was dat niets nieuws voor mij, dat antwoord kende ik al wel met mijn hoofd, maar ik kende het nog niet met mijn hart. Maar op dat moment sprak Hij niet tot mijn hoofd maar tot mijn hart, terwijl die vloeibare lava van Zijn liefde mijn hart binnenstroomde en ook mijn tranen maar bleven stromen.

> Jezus redt, geneest en bevrijdt,
> omdat Hij van mensen houdt

Jezus sprak tot mijn hart

Waar had ik deze bijzondere openbaring aan verdiend? Nergens aan! Ik had er geen moeite voor gedaan. Ik had niet gebeden, gevast, gestreden of de Bijbel gelezen. Ik zat gewoon op mijn kantoor en plotseling werden mijn ogen geopend voor die overweldigende liefdesstroom uit het hart van Jezus. Maar toen ik Zijn hart zag, zag ik ineens ook mijn eigen hart. Wat moest er nog veel veranderen aan mijn hart. Jezus redt, geneest en bevrijdt omdat Hij van mensen houdt, maar als ik voor mensen bad en er gebeurde niets, dan maakte ik mij meer bezorgd over wat mensen van mij dachten, dan dat ik mij druk maakte om het lot van de zieke die niet genas. Als ik voor een bezetene bad en hij werd niet bevrijd, dan was ik me vaak meer bewust van mijn reputatieschade, omdat ik blijkbaar toch geen geestelijke kracht had, dan dat ik bekommerd was over de schade die de duivel het slachtoffer had toegebracht. Maar als die persoon wel werd bevrijd, voelde ik mij ineens een geestelijke krachtpatser, die de duivel een lesje had geleerd. Ineens besefte ik dat ik in dit alles nog heel erg zelfgericht was. Het ging meer om mijzelf dan om Jezus of om de mensen voor wie ik bad. Ik schaamde me te moeten erkennen dat mijn motieven nog vaak zo onzuiver waren. Dat had ik nog niet eerder ingezien. Maar ik had ook nog nooit eerder zo'n zuiver hart gezien als Zijn hart. Maar in Zijn licht zag ik het licht (Psalm 36:9). Ja, nu zag ik het glashelder. Ik was geen goede vertegenwoordiger van mijn Heer. Ik had een 'hartoperatie' nodig, want ik wilde net zo'n hart hebben als Jezus, ik wilde door dezelfde onzelfzuchtige liefde gedreven worden als Hij. Nee, zo zou ik niet meer verder kunnen gaan!

Verander mij!

"Zo kan ik niet verder, Heer! Zo wil ik ook niet verder, ik stop ermee! Zo kan ik geen dienstknecht van U zijn, tenzij mijn hart klopt met Uw liefde. Ik hoef niet meer te preken, als ik maar dicht bij U mag zijn, als U maar blij met mij bent, als ik maar op U mag lijken en zou kunnen liefhebben zoals U doet! Want Ik wil U behagen, U liefhebben, bij U zijn en U kennen zoals U gekend wil worden!" bad ik onder tranen.

Een ongekende rust en vrede vervulde mijn hart. Ik zou nooit meer dezelfde kunnen zijn. Ik was gestopt en nu kon Jezus zijn werk in mij gaan doen. Dat kan ook niet anders als Jezus zijn hart aan je laat zien. Ik bid dat God al mijn lezers ook zo'n ontmoeting geeft, want dan kan je nooit meer dezelfde zijn. Dan zal Jezus Zijn wetten in jouw hart schrijven. Zijn wil doen en Hem gehoorzamen heeft dan niets meer met wetticisme te maken. Het is dan je grootste vreugde, want je bent gepakt, gearresteerd, door Zijn liefde. Iedereen die deze ervaring kent, begrijpt dat dit niets met de werken der wet te maken heeft, maar dat we nu de werken van de Heer kunnen gaan doen, omdat Hij Zijn wetten in ons hart heeft geschreven.

Hoe zouden we dan leven?

Als ons hart in vuur en vlam staat voor Jezus, is niets ons te zwaar of te moeilijk. Als je ziet welke offers ouders voor hun kinderen brengen, besef je dat dit komt omdat liefde hun hart regeert. Ze zien het niet eens als een offer. Om een operatie voor hun kind te kunnen bekostigen, zouden ze zo nodig hun vermogen, hun huis en auto verkopen. Je zou ze niet horen klagen. Waarom niet? Omdat de wet van de liefde in hun hart is geschreven. Als het kind goed uit de operatie komt, kunnen de ouders alleen maar blij zijn. Dat hun kind leeft, is de investering meer dan waard geweest.

Ik heb heel wat keren jonge stellen gehoord die beslist geen kinderen wilden. 'Al dat gezeur, dan kan ik niet meer uit, het gaat me straks een vermogen kosten en daar zit ik dan bijna twintig jaar aan vast. En al die slapeloze nachten, poepluiers, stinkende overhemden en het geblèr van jankende kinderen. Nee, mij niet gezien.' Wat hadden ze een lijst van goede redenen om niet aan kinderen te beginnen! Maar dan - onverwacht zwanger! Even aan het idee wennen, maar goed. En al voordat de baby is geboren, heb je een stel trotse ouders. Ze vinden straks hun spruit beslist de mooiste van allemaal. En ook al heeft de moeder het zwaar gehad tijdens de bevalling en zijn de rekeningen van de dokter flink opgelopen, toch hoor je ze niet. Is dit hetzelfde stel dat eerst zo tegen kinderen was? Wat is er met hen gebeurd? Ze lijken wel gehersenspoeld! Precies, hun hersens zijn schoongespoeld, hun ogen zijn geopend en hun hart is gevangengenomen door de liefde. Nu is geen moeite hen meer te veel. Hun liefde maakt de zwaarste lasten licht!

Liefde maakt de zwaarste lasten licht

In je wandel met Jezus werkt het precies zo. Daarom is het zo belangrijk om in die eerste liefde te blijven, want dan is geen moeite je te veel. Dan ga je juist die extra mijl, dan wil je alleen maar dichter bij Jezus zijn, Hem kennen, Hem gelukkig maken. Je wilt alles vermijden wat Hem verdriet doet of wat Hij niet fijn vindt, zoals de aanstaande Bruid warme gevoelens koestert voor haar Geliefde. Met alles wat in haar is, ziet ze ernaar uit om straks voor altijd met hem samen te zijn. Ze zal wachten, waken, bidden, uitzien, zich rein bewaren en volharden. Ze is bedacht op alles wat hun relatie zou kunnen schaden; ze zal alles doen wat hun relatie kan versterken. Omdat de wet van de liefde in haar hart is geschreven, is geen moeite haar te veel.

Naast wat Gods Woord zegt over de komst van *de dag des Heren* en het *einde der tijden*, hoef je de krant maar op te slaan om te zien dat de tijd nabij is. Je hoeft geen profeet te zijn om te zien dat bijna dagelijks weer-records worden gebroken. Verder horen we van oorlogen, hongersnood, droogte, overstromingen, aardbevingen, natuurrampen; we zijn getuige van zelfzucht, immoraliteit, verslavingen en de desintegratie van onze moderne samenleving, om maar een paar dingen te noemen. En wat staat er te gebeuren als je kijkt naar de dreigende situatie in het Midden-Oosten? Niemand weet precies hoe laat het is op Gods klok en hoe lang het zo nog door kan gaan. De vraag is niet langer *of* het mis zal gaan, maar *wanneer*. En wanneer deze dingen beginnen te gebeuren, moeten we goed opletten, want Gods Woord zegt:

> *'Wanneer deze dingen beginnen te geschieden, richt u op en heft uw hoofden omhoog, want uw verlossing genaakt (is dichtbij).' (Lukas 21:28)*

En omdat al deze dingen aldus vergaan, spoort Petrus ons aan om in heilige wandel en godsvrucht ons *vol verwachting te spoeden naar de komst van de dag Gods.*
(2 Petrus 3:11)

Ben je er klaar voor?

Aan de oproep om klaar te zijn voor de komst van Jezus, wil ik de volgende aansporingen uit Gods woord toevoegen:

1. Waakt en bidt en wacht op de Here.

> ***'Waakt** te allen tijde, biddende, dat gij in staat zult zijn te ontkomen aan alles wat geschieden zal, en gesteld te worden voor het aangezicht van de Zoon des mensen.' (Lukas 21:36)*

> ***'Waakt** dan, want gij weet niet, op welke dag uw Here komt. Daarom, weest ook gij **bereid**, want op een uur, dat gij het niet **verwacht**, komt de Zoon des mensen.' (Mattheüs 24:42)*

*'Ziet toe, blijft **waakzaam**. Want gij weet niet, wanneer het de tijd is. **Waakt dan**, want gij weet niet, wanneer de heer des huizes komen zal, laat in de avond of te middernacht, bij het hanengekraai of des morgens vroeg (...). Wat Ik u zeg, zeg Ik allen: **Waakt**!' (Markus 13:33, 35,37)*

2. Wees in geen ding bezorgd.

*'**Weest in geen ding bezorgd**, maar laten bij alles uw wensen door gebed en smeking met dankzegging bekend worden bij God. En de vrede Gods, die alle verstand te boven gaat, zal uw harten en uw gedachten behoeden in Christus Jezus.' (Filippenzen 4:5-6)*

Een schitterende en bemoedigende aansporing om je nergens druk om te maken. Je ziet al die problemen in de wereld, maar je mag weten dat Hij alles in Zijn hand heeft. Relax!!

3. Wees geduldig en liefdevol.

*'Hebt dus **geduld**, broeders, tot de komst des Heren! Oefent ook gij **geduld**, sterkt uw harten, want de komst des Heren is nabij. Broeders, zucht niet tegen elkander, opdat gij niet onder het oordeel valt; zie, de Rechter staat voor de deur.' (Jacobus 5:7,9)*

*'(...) en u doe de Here toenemen en overvloedig worden in de **liefde tot elkander en tot allen** - zoals ook wij gezind zijn jegens u -, om uw harten te versterken, zodat zij onberispelijk zijn in heiligheid voor onze God en Vader bij de komst van onze Here Jezus met al zijn heiligen.'*
(1 Thessalonicenzen 3:12-13)

4. Sla acht op Gods woord en lees het!

*'Uw **woord** is een lamp voor mijn voet en een licht op mijn pad.' (Psalm 119:105)*

*'Dit heb ik u **geschreven** (...), opdat gij weet, dat gij eeuwig leven hebt.' (1 Joh. 5:13)*

*'Wreekt uzelf niet, geliefden, maar laat plaats voor de toorn, want **er staat geschreven**: Mij komt de wraak toe, Ik zal het vergelden, spreekt de Here.' (Romeinen 12:19)*

Veel mensen hebben een Bijbel, zelfs wel meer dan een. Maar je hebt er niet zo veel aan als je dat boek in de boekenkast laat staan. Je moet er biddend in lezen, dan zal God tot je spreken. Je zult er door gezegend worden en het zal je inzicht verrijken. Ik hoop oprecht dat je een zegen ontvangt door wat ik schrijf. Maar het is nog veel beter zelf Gods Woord te lezen en zelf naar Zijn stem te horen. Dat zal nog meer voor je betekenen dan dit hele boek. En wie weet, misschien schrijf jij dan zelf nog eens een boek waar anderen iets aan hebben.

5. Tuchtig je vlees en leef sober

*'Doch er zullen dagen komen, wanneer de bruidegom van hen weggenomen is, **dan zullen zij vasten**, in die dagen.' (Lukas 5:35)*

*'Laten wij (...) **wakker en nuchter zijn**. Want (...) laten wij, die de dag toebehoren, nuchter zijn, toegerust met het harnas van geloof en liefde en met de helm van de hoop der zaligheid; want God heeft ons niet gesteld tot toorn, maar tot het verkrijgen van zaligheid door onze Here Jezus Christus.' (1 Thessalonicenzen 5:6-8)*

6. Waarschuw anderen

'Als Ik tot de goddeloze zeg: Gij zult zeker sterven - en gij ***waarschuwt*** *hem niet en spreekt niet om de goddeloze voor zijn goddeloze weg te* ***waarschuwen*** *ten einde hem in het leven te behouden, dan zal die goddeloze in zijn eigen ongerechtigheid sterven, maar van zijn bloed zal Ik u rekenschap vragen.' (Ezechiël 3:18)*

Het is niet uit angst voor het moeten afleggen van rekenschap, maar juist uit liefde dat we anderen waarschuwen; omdat we niet willen dat ze verloren gaan, maar behouden worden. God Zelf wil hen zo graag redden. Hij wil dat niemand verloren gaat, maar dat allen behouden worden. Daarom is het Gods liefde die ons dringt anderen te waarschuwen voordat het te laat is. Dezelfde boodschap wordt in een iets andere toonaard herhaald in Ezechiël hoofdstuk 33.

7. Vertroost en bemoedig anderen

'Want dit zeggen wij u met een woord des Heren: wij, levenden, die achterblijven tot de komst des Heren, zullen in geen geval de ontslapenen voorgaan, want de Here zelf zal op een teken, bij het roepen van een aartsengel en bij het geklank ener bazuin Gods, nederdalen van de hemel, en zij, die in Christus gestorven zijn, zullen het eerst opstaan; daarna zullen wij, levenden, die achterbleven, samen met hen op de wolken in een oogwenk weggevoerd worden, de Here tegemoet in de lucht, en zó zullen wij altijd met de Here wezen. ***Vermaant*** *(vertroost en bemoedigt) elkander dus met deze woorden.' (1 Thessalonicenzen 4:15-18)*

De hoop van Gods kinderen reikt tot over het graf. De dood is het einde niet. En als Jezus komt zullen we niet alleen met *Hem* verenigd worden, maar ook met al onze geliefden die ons zijn voorgegaan. Dan zal God alle tranen van onze ogen afwissen en zullen we eeuwige vreugde genieten. Wij hebben een geweldig hoopvol perspectief en soms moeten we iemand even wakker schudden: het beste komt nog! Dat vooruitzicht helpt ons om onder alle omstandigheden positief in het leven te staan en niet ten prooi te vallen aan wanhoop, zoals de mensen die God niet kennen.

8. Zondig niet opzettelijk

'Want indien wij ***opzettelijk*** *zondigen, nadat wij tot erkentenis der waarheid gekomen zijn, blijft er geen offer voor de zonden meer over.' (Hebreeën 10:26)*

'Indien wij onze ***zonden belijden****, Hij is getrouw en rechtvaardig, om ons de zonden te vergeven en ons te reinigen van alle ongerechtigheid.' (1 Johannes 1:9)*

Het moet ons streven zijn om ons ver van de zonde te houden. We moeten zeker niet opzettelijk zondigen, maar als het toch een keer mis gaat, worden wij aangespoord om naar God toe te rennen en onze zonden te belijden. Dan zal Hij ons vergeven en reinigen.

9. Gedenk Gods gestrengheid

'Maar van hoererij en allerlei onreinheid of hebzucht mag onder u zelfs geen sprake zijn, zoals het heiligen betaamt, en evenmin van onwelvoeglijkheid en zotte of losse taal, die geen pas geven, doch veeleer van dankzegging. Want hiervan

> *moet gij doordrongen zijn, dat in geen geval een **hoereerder**, **onreine** of **geldgierige**, dat is een **afgodendienaar**, **erfdeel heeft in het Koninkrijk van Christus** en God.' (Efeze 5:3-7)*

Er is geen ruimte om te sjoemelen. We gaan er voor of niet. Licht en duisternis hebben geen gemeenschap met elkaar. We moeten onszelf niet bedriegen door een 'beetje' christelijk te doen. Wees radicaal en ga er voor! Je kunt ook niet een 'beetje' zwanger zijn. Je bent het of je bent het niet. En je kunt ook niet een 'beetje' leven. Je leeft of je bent dood. Een tussenweg is er niet. Laten we er dan ook helemaal voor gaan en niet maar een beetje.

10. Gehoorzaam God en blijf in Christus

> *'En nu, kinderkens, **blijft in Hem**, opdat wij, als Hij zal geopenbaard worden, vrijmoedigheid hebben en voor Hem niet beschaamd staan bij zijn komst.' (1 Johannes 2:28)*

> *'Een ieder, **die in Hem blijft, zondigt niet**; een ieder, die zondigt, heeft Hem niet gezien en heeft Hem niet gekend.'*
> *(1 Johannes 3:6)*

> *'Hij zal komen in vlammend vuur, als Hij straf oefent over hen, **die God niet kennen** en het evangelie van onze Here Jezus niet gehoorzamen.' (2 Thessalonicenzen 1:8)*

Dit thema is een studie op zich en daar is in deze beknopte samenvatting van aansporingen geen plaats voor. Maar het is wel belangrijk om te leren wat het betekent om in Hem blijven, waardoor wij kunnen delen in de overwinning die Hij voor ons heeft behaald.

11. Verkondig het evangelie en investeer in zielen

'En Hij zeide tot hen: Gaat heen in de gehele wereld, ***verkondigt het evangelie aan de ganse schepping****. Wie gelooft en zich laat dopen, zal behouden worden, maar wie niet gelooft, zal veroordeeld worden.' (Markus 16:15)*

Wij hebben het voorrecht anderen te winnen voor Jezus. Wij mogen hen de uitweg wijzen uit het 'brandende gebouw', waarin ze gevangen zijn. Wij hebben de meest hoopvolle en troostrijke boodschap die er bestaat. Laten we werken zolang het dag is en we mensen nog kunnen bereiken met Gods heilsboodschap wat Hij wil niet dat er ook maar één ziel verloren zal gaan.

12. Heilig en reinig jezelf

'Ik vermaan u dan, broeders, met beroep op de barmhartigheden Gods, dat gij uw lichamen stelt tot een ***levend, heilig en Gode welgevallig offer****: dit is uw redelijke eredienst. En wordt niet gelijkvormig aan deze wereld, maar wordt hervormd door de vernieuwing van uw denken, opdat gij moogt erkennen wat de wil van God is, het goede, welgevallige en volkomene.' (Romeinen 12:1-2)*

'

Laten wij blij zijn en vreugde bedrijven en Hem de eer geven, want de bruiloft des Lams is gekomen en zijn vrouw heeft zich gereedgemaakt; en haar is gegeven zich ***met blinkend en smetteloos fijn linnen te kleden****, want dit fijne linnen zijn de* ***rechtvaardige daden*** *der heiligen.' (Openbaring 19:7)*

13. Heb omgang met gelijkgezinden

'Wij moeten onze eigen bijeenkomst niet verzuimen, zoals sommigen dat gewoon zijn, maar elkander aansporen, en dat des te meer, naarmate gij de dag ziet naderen.'
(Hebreeën 10:25)

Sommige mensen gaan helemaal niet meer naar de kerk, ze zeggen: "Ik dien God thuis wel, ik heb het helemaal gehad met de kerk! Hij is ook thuis wel bij mij." Nu zal ik niet ontkennen dat God ook thuis bij ons wil zijn, maar als Gods kinderen samenkomen, doet Hij altijd bijzondere dingen en bemoedigt Hij ons op bijzondere wijze. Ik heb vaak gezien dat het kaarsje langzaam maar zeker uitgaat als mensen helemaal niet meer naar een geloofsgemeenschap gaan. Het is niet voor niets dat Gods Woord ons aanspoort samen Gods aangezicht te zoeken en dat des temeer naarmate Zijn komst steeds dichterbij komt.

14. Wees gereed

'Daarom, weest ook gij bereid, want op ***een uur, dat gij het niet verwacht, komt de Zoon des mensen****.'*
(Mattheüs 24:44)

Na alles gedaan te hebben wat ons is opgedragen, moeten we gewoon standhouden en volharden tot Hij komt. Die bereidheid kan nu net het verschil uitmaken tussen de feestzaal van de koning binnengaan of voor een gesloten deur komen te staan. Die bereidheid zal ons goed doen, ons scherp houden en ons bewaren voor grove overtredingen.

Tot slot

Laten wij daarom de moed niet opgeven, maar standhouden en doorgaan. Laten we alle dubbelhartigheid afleggen en ons bekeren van een aardsgezinde mentaliteit. Sluit geen compromissen met de wereld, maar hou je rug recht en kies voor gerechtigheid, ook als dat jou je baan zou kunnen kosten. Laten we bidden dat God onze ogen zalft, zodat we de wereld zullen kunnen zien, zoals Hij die ziet. En wapen je met de wapenrusting van geloof, waarheid en liefde. Ja vooral die eerste liefde, laten we daarnaar terugkeren, zodat ons hart weer met passie wordt vervuld en in brand wordt gezet om de werken van Gods Koninkrijk te kunnen doen. Wellicht geeft God ons dan een stem, een profetische stem, om met gezag woorden van hoop en leven tot onze verontruste en verwarde generatie te kunnen spreken. Geef niet op, ook niet als het misschien moeilijk wordt en je geloof in Jezus lijden zou meebrengen. Feitelijk is het een eer om voor Hem te mogen lijden. En weet dat dit lijden maar van korte duur zal zijn, dan zal God Zijn heerlijkheid over ons openbaren, als Hij komt om Zijn Bruid op te halen. Wees er klaar voor om Jezus te ontmoeten, want het gaat spoediger gebeuren dan je denkt.

'Want ik ben er zeker van, dat het lijden van de tegenwoordige tijd niet opweegt tegen de ***heerlijkheid, die over ons geopenbaard zal worden****. Want met reikhalzend verlangen wacht de schepping op het openbaar worden der zonen Gods.' (Romeinen 8:18-19)*

Hoofdstuk 12

Vragen en antwoorden

Daarom houd ook ik, gehoord hebbende van uw geloof in de Here Jezus en van uw liefde tot al de heiligen, niet op te danken, u gedenkende bij mijn gebeden, opdat de God van onze Here Jezus Christus, de Vader der heerlijkheid, u geve de Geest van wijsheid en van openbaring om Hem recht te kennen. (Efeziërs 1:15-17)

Dit hoofdstuk is bedoeld als een aanvulling, met antwoorden op veel voorkomende vragen die mensen hebben met betrekking tot dit thema. Hoewel het niet mogelijk is al die vragen hier te beantwoorden, hoop ik een aantal ervan te behandelen. En het is mijn oprechte hoop dat het de lezer zal helpen meer duidelijkheid te krijgen en versterkt te worden in de verwachting van de komst van Jezus. Veel mensen worden namelijk heen en weer geslingerd door allerlei opvattingen die niet geworteld zijn in Gods Woord. Mijn antwoorden op die vragen zijn dan ook gebaseerd op wat Gods Woord erover te zeggen heeft.

Vraag: Jezus zei: *"Voorwaar, Ik zeg u, dit **geslacht** zal geenszins voorbijgaan, voordat dit alles geschiedt" (Mattheüs 24:34)*. Preteristen zeggen dat Jezus spreekt over de mensen van zijn eigen generatie en dat daarmee Mattheüs 24 als geheel al vervuld is en dat de eindtijd dus ook al verleden tijd is. Klopt dat?

Antwoord: Deze mensen baseren hun standpunt op deze éne tekst en dan vooral op het woord 'geslacht', dat ze vertalen met '*generatie*'. Een generatie zou volgens de Preteristen 40 jaar duren. Volgens hen is Nero, die Jeruzalem in het jaar 70 verwoestte, de antichrist. Dat is precies 40 jaar na Christus gebeurd, dus is dat de bewuste generatie, zo redeneren ze. Maar de Bijbel geeft vijf verschillende generatieperiodes aan: 40, 50, 70, 100 en 120 jaar. Het is niet duidelijk in Mattheüs 24 om welke periode het hier gaat. (Uitleg over de generaties vindt u in mijn boek "Kunnen deze beenderen herleven".)

Daarnaast gebruiken andere vertalingen het woord '*geslacht*', dat een heel andere betekenis heeft. Want mijn grootvader, mijn vader, ik, mijn zoon en mijn kleinzoon vormen samen één geslacht, maar we zijn wel vijf generaties. Daarnaast zijn er velen die denken dat dit *'geslacht'* uitsluitend betrekking heeft op het Joodse volk. Bovendien gebruiken Preteristen slechts deze éne tekst om hun theorie mee te onderbouwen. Hoeveel andere teksten bevestigen deze veronderstelling? Niet één! De Bijbel zegt dat een getuigenis vaststaat op grond van twee of drie getuigen. Dan zou dit gedachtengoed dus door meerdere teksten ondersteund moeten worden en dat wordt het niet.

Bovendien zegt Jezus een paar verzen eerder: *"En dit evangelie van het Koninkrijk zal in de* ***gehele wereld*** *gepredikt worden tot een getuigenis voor* ***alle volken****, en dan zal het* ***einde*** *gekomen zijn" (Mattheüs 24:14)*. In het jaar 70 was het evangelie nog lang niet over *de gehele wereld* gepredikt tot een getuigenis voor *alle volken.* De Preteristen menen dat Jezus sprak over de 'toenmalige wereld', dat wil zeggen: *het Romeinse Rijk.* In de grondtekst echter wordt met *de gehele wereld* behalve *het Romeinse Rijk* ook *de bewoonde wereld, de hele bewoonde wereld, de bewoners van de aarde,* en *alle mensen* bedoeld. Als ze claimen dat met deze uitdrukking alleen gedoeld wordt op het Romeinse rijk, gaan de Preteristen voorbij aan het brede spectrum van betekenissen er van, die duidelijk verwijzen naar *alle mensen* en *alle volken der aarde.* Bovendien zou de prediking van het evangelie een getuigenis voor *alle volken* zijn. *Alle volken* betekent in de grondtekst *alle etnische bevolkingsgroepen*, ook wel omschreven als *het menselijk geslacht, alle rassen, alle natiën, alle heidenvolken*, enz. Het is duidelijk dat het evangelie in de eerste eeuw nog lang niet alle bevolkingsgroepen heeft bereikt.

Zelfs nu zijn nog niet eens alle bevolkingsgroepen met het evangelie bereikt, hoewel we er nu wel heel dichtbij zijn. Paul Eshleman, oprichter van het 'Jesus Film Project', verwacht dat er eind 2017 geen onbereikte volkeren meer zullen zijn. Pas dan heeft het evangelie als een getuigenis *alle volken* bereikt. En als aan die voorwaarde is voldaan, "*dan zal het einde gekomen zijn*", zoals Jezus zei. Verderop in hetzelfde hoofdstuk zegt Jezus:

> *'En dan zal het teken van de Zoon des mensen verschijnen aan de hemel en dan zullen **alle stammen der aarde** zich op de borst slaan en zij zullen de Zoon des mensen zien komen op de wolken des hemels, met grote macht en heerlijkheid.' (Mattheüs 24:30)*

Ook hier wordt verwezen naar *alle stammen der aarde*, dat wil zeggen: *alle etnische groepen op aarde, de woonplaats van mens en dier, de aarde als geheel*, etc. Nergens is, waar dan ook ter wereld, in de geschiedenisboeken ook maar iets te vinden van deze gebeurtenis. Als dit al gebeurd zou zijn, zoals de Preteristen beweren, dan zou er in de geschiedenisboeken van alle volken verslag van gedaan zijn. Maar we vinden niets van dat alles. Dat is ook logisch, want deze gebeurtenis ligt nog in de toekomst. Slotconclusie: de stelling van de Preteristen dat de gebeurtenissen die wij *eindtijd* noemen al hebben plaatsgevonden, klopt niet. Er is geen bijbelse basis voor aan te wijzen.

Interessant om te onderzoeken zijn in dit verband o.a. de uitdrukkingen: *alle stammen der aarde*, *alle volkeren*, *de einden der aarde*, *de gehele wereld*, *de ganse schepping*, etc. Bij deze uitdrukkingen gaat het om meer dan de toenmalige wereld c.q. het Romeinse Rijk, zoals de Preteristen ten onrechte beweren.

Vraag: Waarom is de Opname niet of nauwelijks terug te vinden in de kerkgeschiedenis en spreken de kerkvaders er ook niet over? Het verhaal kreeg pas bekendheid rond 1830 nadat ene McDonalds uit Engeland een visioen over de Opname had gekregen. Hoe zit dat?

Antwoord: Waarom hebben de kerkvaders ook nauwelijks iets geschreven over de uitstorting van de Heilige Geest? Dit bijbelse fenomeen kreeg pas bekendheid door de uitstorting tijdens de Azuza Street opwekking, begin 20ste eeuw? Is de uitstorting van de Geest daarom een hersenspinsel van enkele fanatieke Pinkstermensen in 1906? En waarom hebben de kerkvaders ook niets geschreven over het profetisch voorzegde herstel van Israël, zoals dat in 1948 plaatsvond? Als we ons op kerkvaders gaan beroepen, lopen we een enorm risico op tradities van mensen te steunen en niet op het Woord van God. Zoals blijkt uit de woorden van Jezus, strijden de overleveringen van de vaderen nogal eens met het Woord van God en beroven het daarmee van haar kracht.

> *'Waarom overtreedt ook gij ter wille van uw* ***overlevering*** *zelfs het gebod Gods? Zo hebt gij het* ***woord Gods van kracht beroofd*** *ter wille van uw* ***overlevering****.' (Mattheüs 15:2,6)*

We hebben de kwalijke gevolgen gezien van de denkbeelden van Augustinus. Hoewel hij zeker inspirerende denkbeelden aan de kerk heeft nagelaten, is hij tevens de auteur van de vervangingsleer, die inhoudt dat de kerk in de plaats van Israël is gekomen. De kwalijke gevolgen van deze dwaalleer zien we tot op de dag van vandaag terug in de kerk. En wat te denken van Luther, onze grote Reformator. Hij heeft de kerk beslist een rijke erfenis nagelaten, maar tegelijk heeft hij ook heel verwerpelijke dingen gezegd over het Joodse volk.

Zijn afschuw van de Joden verwoordde hij o.a. door ze te betitelen als: *Godsmoordenaars, profetenmoordenaars, bloedhonden, duivelskinderen, leugenaars, addergebroed, volksverleiders, woekeraars, wurgers, rondlummelende schooiers, weerzinwekkend uitvaagsel, een schimmelig soepzootje.* Om over de rest van zijn hatelijke opmerkingen nog maar te zwijgen. Als hij zich aan zijn eigen devies van 'Sola-Scriptura' had gehouden, had hij deze uitspraken vast nooit gedaan. Als kerkvader van het Duitse volk heeft hij de voedingsbodem gelegd voor het antisemitisme, dat later zo sterk werd in Duitsland, dat Adolf Hitler Luthers uitspraken over de Joden in zijn boek 'Mein Kampf' kon gebruiken om de Holocaust te rechtvaardigen. Een ontwikkeling die er toe heeft geleid dat Joden christenen niet vertrouwen. Om diezelfde reden heb ik mij bewust beperkt tot Gods Woord als uitgangspunt voor de vorming van mijn overtuiging.

Maar hiermee heb ik nog geen antwoord gegeven op de vraag waarom er in al die eeuwen kerkgeschiedenis blijkbaar een blinde vlek bestond wat de Opname betreft. Persoonlijk denk ik dat dit te maken heeft met wat Gods Woord noemt *de volheid van de tijd*. Begin 1900 was de Welsh Revival en de Pinksteropwekking van Azusa Street. De aandacht voor de gaven en het werk van de Heilige Geest werd nieuw leven ingeblazen. Omstreeks diezelfde tijd werd ook de eerste aanzet tot het herstel van Israël gegeven. Daarmee werd *"Ik zal Mijn Geest uitstorten in het laatste der dagen"* ineens relevant, evenals thema's betreffende de wederkomst van Jezus en de Opname van de gemeente. Aandacht voor deze onderwerpen zijn sindsdien alleen maar toegenomen. Het lijkt mij dan ook volstrekt logisch dat deze thema's in onze tijd weer de aandacht krijgen die ze verdienen.

Vraag: Waarom worden bij de Opname christenen van de aarde weggenomen, terwijl het Joodse volk door de grote verdrukking moet gaan? Is dat niet oneerlijk? Waarom geen gelijke behandeling voor Joden en christenen?

Antwoord: Deze vraag heeft mijzelf ook lang beziggehouden. Toch gaat God zijn eigen weg met het Joodse volk. Dit is prachtig verwoord in een artikel dat de hoofdredacteur van Charisma Nederland schreef. Met dank aan hem citeer ik hier een gedeelte uit zijn artikel.

De evacuatie die de exodus overtreft

De almacht en soevereiniteit van de Allerhoogste God wordt o.a. getoond door Zijn superieure wijsheid en bekwaamheid om de duivel te overtroeven. Zoals dit in Gods aard ligt, is Hij in staat om degenen die hem toebehoren op een wonderlijke manier te beschermen en te verlossen uit de meest benarde situaties. De Hebreeërs werden uit Egypte en dwars door de Rode Zee geleid (Exodus 14), Sadrach, Mesach en Abednego werden uit een vurige oven gered (Daniël 3) en Paulus en Silas uit de gevangenis bevrijd (Handelingen 16:26). Dit zijn maar een paar voorbeelden van de verrassende wijze waarop Gods uitredding gestalte krijgt. Hij houdt ervan Zijn almacht creatief en soms met humor ten toon te spreiden. Ook de wonderen die Jezus deed getuigen hier van. De meest wonderlijke, ingrijpende en wereldwijde actie staat ons echter nog te wachten, namelijk de evacuatie van miljoenen mensen naar de hemel. Deze massale verhuizing van miljoenen

Jezus-mensen wordt ook wel de 'Opname' genoemd wat zoveel betekent als *weggenomen*, *weggerukt*, *weggegrist worden*. Deze wegvoering is in feite de eerste algemene opstanding uit de doden na Jezus' hemelvaart.

De Opname en Gods plan met Israël

Regelmatig ontmoet ik bij Israëlvrienden weerstand met betrekking tot deze leerstelling van de wegvoering van de gelovigen; ze wordt vaak belachelijk gemaakt. Dit in de Schrift meermalen genoemde moment van de opstanding van de gestorven gelovigen en van de gelijktijdige Opname van de levende gelovigen met hen, zal tegelijkertijd een ontsnapping zijn uit de aangekondigde laatste jaren van vervolging en moeite (de grote verdrukking) die over heel de wereld komen zal. Lees in het boek Openbaring over de zeven zegels en de schalen van Gods gramschap, die over de aarde worden uitgegoten en wat de gevolgen daarvan zijn. Tegenstanders van de Opname vinden dit idee van een ontkomen aan het oordeel van de Allerhoogste over de aarde oneerlijk. Ze vinden de Opname van de Gemeente 'een heidense leerstelling en een uitvinding van de heidense kerk'. Men ergert zich vooral aan de vermeende eigendunk van 'gelovigen', aan wie God blijkbaar een uitweg zou bieden, dit in tegenstelling tot de ongelovige Joden. Men vindt zo'n vluchtplan niet bij een God van liefde passen.

De Opname zou een te makkelijke vlucht zijn uit die duistere periode, daar waar men juist solidariteit met Israël zou mogen verwachten. Het gaat hier echter wel om de ergernis van een humanistische rechtvaardigheidsgedachte, die geen ruimte laat voor de mogelijkheid dat Gods wegen wellicht ook hoger zouden kunnen zijn dan de onze. Uit medeleven met de Joodse zaak ziet men ook niet de speciale taak en positie van de Gemeente die Jezus zelf heeft aangekondigd o.a. in Mattheus 16 en Johannes 17:20.

Sommigen willen zelfs beweren dat de Gemeente heeft afgedaan, dat haar tijd voorbij is. Maar de tijd van de Gemeente en haar functie komt pas een einde, wanneer deze is opgenomen, net zoals Jezus' werk op aarde pas eindigde bij Zijn hemelvaart. De opgenomen gelovigen bestaan ook niet uitsluitend uit gelovigen uit de heidenen. Ook dat is een misverstand. Als wij het hebben over 'gelovigen', bedoelen wij zowel gelovigen uit de heidenen (christenen) als gelovigen uit de Joden (Messiasbelijdende Joden). De evacuatie van de gelovigen naar de hemel is dus geen heidense aangelegenheid, maar betreft de hereniging van Jezus als hoofd met zijn Lichaam, bestaande uit alle ware gelovigen. Er zal dus bij de Opname ook geen scheiding zijn tussen Joden en heidenen. Die scheiding zal er alleen maar zijn tussen gelovigen in Jezus en zij die Hem niet hebben aangenomen. Aan alle gelovigen, dus ook aan de Gemeente die van oorsprong Joods is, is de leerstelling van de 'hereniging met hun Messias in de lucht' gepredikt door Jezus zelf en Zijn apostelen. Onder de gelovigen is er dus, wat God betreft, geen scheiding tussen Joden en heidenen. Paulus noemt dit 'de éne nieuwe mens' - zie Efeziërs 2:15 en 3:4-6.

Zowel Joden als niet-joden zullen dus deel uitmaken van de Gemeente die opgenomen wordt. Het denken van veel christenen heeft nog flink wat herstel nodig van de schade die de vervangingsleer heeft veroorzaakt. Toen Keizer Constantijn in 325 na Christus het instituut 'christelijke kerk' in het leven riep, veranderde een ondergrondse, krachtige en wonderwerkende gemeenschap, geleid door de Heilige Geest, in een star religieus politiek instituut, niet meer gegrond op Gods Woord en gescheiden van haar Joodse wortels. En als de takken worden losgemaakt van de stam en de wortels die hen dragen, dan gaan ze dood. Het heil is uit de Joden! En het waren uitsluitend Joodse gelovigen in Yeshua (Jezus) die op de Pinksterdag, na Jezus' hemelvaart, de eerste gemeente vormden en vervuld werden met de Heilige Geest. De bediening van de twaalf Hebreeuwse stammen – en hun rol als wegbereiders van de komst van de Messias - is nog niet begonnen, omdat de taak van de Gemeente nog niet is voltooid.

Sommige mensen zien de inname van de stad Jeruzalem tijdens de Zesdaagse Oorlog in 1967 als een keerpunt waarbij *de volheid der heidenen* zou zijn bereikt. En dit is zeker een betekenisvol historisch moment geweest. Maar de voleindiging van de tijd van de heidenen is toch vooral nauw verbonden met de voltooiing van de Grote Opdracht (Mattheüs 28, Marcus 16), waarmee er een einde komt aan het tijdperk van de Gemeente. Als de grote opdracht van de *'verkondiging van het goede nieuws aan de hele schepping'* door de Gemeente ten uitvoer is gebracht, zal God zijn plan met zijn land en volk Israël weer oppakken. Dan wordt de schijnwerper weer gericht op de Joden als Gods volk en hun bediening als wegbereiders van de komst van hun Messias. De kerk of gemeente heeft dan haar taak verricht en haar rol vervuld.

Zolang er ware gelovigen op aarde zijn, dit is de Gemeente, moet God zich met hen bezighouden. Daarom zullen op de een of andere manier eerst de gelovigen van het wereldtoneel moeten worden verwijderd, voordat het volgende scenario op Gods agenda aan de orde komt. Niet alleen zou de aanwezigheid van de Gemeente op aarde Gods aandacht blijven vragen, deze zou ook de overheersing van het kwaad (de regering van de antichrist) op aarde kunnen weerhouden. Daarom zal de antichrist en de toename van het kwaad op aarde pas echt losbarsten als 'hij die weerhoudt' wordt weggenomen, zie 2 Thessalonicenzen 2:6.

De heidenen maken plaats voor de Hebreeën

Sommige mensen zullen zeggen: maar God is toch wel in staat beide partijen tegelijk aan te pakken? De Gemeente én Israël? Hij kan toch beiden wel door de laatste zeven jaar van verdrukking heen loodsen en zijn plan met hen voltooien? Ja, God zou dat vast wel kunnen. Maar God is een God van wijsheid en van orde. Stel je eens voor: je hebt twee kinderen die verschillend zijn opgegroeid met een uiteenlopende geschiedenis, problematiek en karakter. Zou je ze op hetzelfde tijdstip en op dezelfde manier aandacht geven of aanpakken? Ik dacht het niet! Dit zou de kinderen en jezelf geen goed doen. De Allerhoogste zal zijn herstelplan met Israël weer oppakken, daar waar het is gestaakt, namelijk bij de verwoesting van de tempel in 70 na Chriustus. Toen stopte Gods aangekondigde scenario van 490 jaar met Israël (Daniël 9:24) met een nog onafgemaakte periode van één jaarweek, dit is de laatste zeven jaar.

Omdat Israël haar Messias bij zijn eerste komst niet heeft erkend en aangenomen, is Gods reddingsplan in eerste instantie via Petrus naar de Joden gegaan en via Paulus naar de heidenen. Het binnengaan van 'de volheid der heidenen', luidt het einde in van het tijdperk van de Gemeente en de genadetijd die de volkeren hebben gehad om het evangelie aan te nemen. Om zijn plan met Israël te kunnen vervolgen, zal de Gemeente niet langer in de weg moeten staan.

Jozef, de zoon van Jakob, wiens geschiedenis een voorafschaduwing is van het leven van Jezus, werd tegen wil en dank de verlosser van Egypte (de heidenen). In Genesis 45:1 zien we een subtiele maar krachtige parallel van de verdwijning van de Gemeente, als Jozef zich bekend maakt aan zijn Hebreeuwse broers. Dit gebeurde namelijk pas nadat de Egyptenaren waren weggestuurd: "Toen kon Jozef zich niet langer bedwingen tegenover allen die daar bij hem waren. Laat iedereen weggaan! riep hij. Zo was er niemand bij toen Jozef zijn broers vertelde wie hij was" (Genesis 45:1). Blijkbaar kon Jozef zich niet aan de zijnen bekend maken, voordat degenen die hem kenden van het toneel verdwenen waren. Dit is een duidelijk schaduwbeeld van de Opname van de Gemeente, die het einde van *'de tijd der heidenen'* zal inluiden en het begin van *'Jakobs benauwdheid'* (Jeremia 30:7), de laatste zeven jaar die voorafgaan aan de verschijning en bekendmaking van de Joodse Messias aan de zijnen.

Vraag: Als God zo genadig is, zoals door velen wordt gepredikt, waarom spreek je dan over de komende toorn van God? Het lijkt wel of je daarmee angst wil inboezemen. Hoe moeten we dat zien? En hoe verhoudt Gods genade en Gods toorn zich tot elkaar?

Antwoord: Een heel interessante vraag, die ik dan ook serieus neem. Allereerst is het goed om te beseffen, dat zowel Gods genade als ook Gods toorn, beide belangrijke bijbelse thema's zijn. Wanneer we het ene thema overbelichten ten koste van het andere, doen we tekort aan Gods Woord. Het is feitelijk een oud probleem dat al vaak voor strijd onder christenen heeft gezorgd. De een spreekt bijna uitsluitend over Gods genade, terwijl iemand anders bijna uitsluitend over Gods toorn en oordeel spreekt. Beide hebben een bijbelse basis en beiden zijn van belang voor een evenwichtige beeldvorming.

Zo komt het woord *'toorn'* 289 keer voor in de NBG-vertaling, het woord *'liefde'* 200 keer en het woord *'genade'* 178 keer. Nu heb ik niet gekeken naar de context, maar het laat duidelijk zien dat Gods Woord vaker over toorn dan over liefde en genade spreekt. Door in onze theologie een van deze thema's systematisch te negeren, doen we geen recht aan de volle raad van onze God. Ook al begrijp ik dat men in onze, door het humanisme gekleurde samenleving, waar ook de kerk door beïnvloed is, niets over Gods toorn wil horen. Maar ik ben er dan ook niet op uit om de gunst van mensen te winnen ten koste van de waarheid van Gods Woord.

Kort samengevat is de boodschap van de Bijbel dat God ons Zijn genade aanbiedt, maar als we die genade afwijzen, rest ons slechts Zijn toorn. Inderdaad, we hebben de vrijheid om te kiezen. Maar de keuzemogelijkheden zijn beperkt: het gaat om de keuze tussen goed en kwaad, tussen licht en duisternis, leven en dood. Die vrijheid is ons gegeven. Maar we zijn niet vrij de gevolgen van onze keuze te bepalen. Dat zien we al meteen in het boek Genesis. Adam en Eva hadden de vrijheid om te kiezen of ze wel of niet zouden eten van de boom der *kennis van goed en kwaad*. God had hen gewaarschuwd dat het eten van die boom de dood tot gevolg zou hebben. Toen ze de keuze maakten om toch van de boom te eten, ondervonden ze dan ook vrijwel direct de gevolgen. Wat dat betreft is er niets veranderd. We zijn nog steeds vrij onze eigen weg te kiezen, met alle gevolgen van dien. En daar wil God ons nu juist vanaf brengen.

Zijn waarschuwing is geen dreigement, maar juist een liefdevolle hint om de gevolgen te ontlopen. Zo is het ook met de genade die God ons in Christus aanreikt. Als we Zijn genade aannemen, worden we vrij, ontvangen we vergeving en worden we gered. Maar als we die genade afwijzen, blijven we onder Gods toorn.

Er is vrijheid om te kiezen tussen leven en dood, maar de gevolgen van je keuze kun je niet kiezen

Elke keuze heeft gevolgen. En veel van die gevolgen zijn al van tevoren in Gods Woord aangegeven. Zijn Woord is wet en niemand kan straffeloos Gods wet breken. Het is zoals met de natuurwetten, zoals met de wet van oorzaak en gevolg. De zwaartekracht bepaalt dat voorwerpen naar beneden vallen. Het maakt niet uit wat jij wilt of wenst of denkt. Je kunt wel denken dat je kunt vliegen, maar als je uit de derde verdieping naar buiten stapt, zal je te pletter vallen. Je kunt de wet van de zwaartekracht niet breken, maar die wet zal jou dan wel de benen breken, of nog erger. De gevolgen worden bepaald door onze keuzes. Daarom spoort Gods Woord ons aan om ons met God te verzoenen, zodat we zullen leven. Maar als wij Gods genade afwijzen, zullen we de consequenties van die keuze moeten aanvaarden.

Iemand zei eens: *"Maar ik maak de keuze om niet te kiezen tussen die twee! Ik kies helemaal niet. Niet vóór de duivel en niet tegen God!"* Dat klinkt prachtig, maar het is dwaas, want die vrijheid heb je niet, je *moet* kiezen. Het is hetzelfde als te zeggen: 'Ik kies niet tussen licht en duisternis.' Deze twee zijn voor altijd onverenigbaar. Wie dus ja zegt tegen het licht, zegt nee tegen de duisternis en wie nee zegt tegen God, zegt daarmee ja tegen de duivel. "Wie niet voor Mij is, is tegen Mij," zegt Jezus. Wie Gods genade afwijst, kan Gods toorn niet ontlopen. Gods Woord is daar heel duidelijk over. Laten we maar eens kijken naar enkele teksten die spreken over Gods toorn.

'Want ***toorn van God*** *openbaart zich van de hemel over alle goddeloosheid en ongerechtigheid van mensen, die de waarheid in ongerechtigheid ten onder houden.'* (Romeinen 1:18)

'Maar hun, die zichzelf zoeken, der waarheid ongehoorzaam en der ongerechtigheid gehoorzaam zijn, ***wacht toorn en gramschap.'*** *(Romeinen 2:8)*

'Laat niemand u misleiden met drogredenen, ***want door zulke dingen komt de toorn Gods over de kinderen der ongehoorzaamheid****.' (Efeziërs 5:6)*

'Want zelf verhalen zij van ons, hoe wij bij u ontvangen zijn en hoe gij u van de afgoden tot God bekeerd hebt, om de levende en waarachtige God te dienen, en uit de hemelen zijn Zoon te verwachten, die Hij uit de doden opgewekt heeft, Jezus, ***die ons verlost van de komende toorn.'***
(1 Thessalonicenzen 1:9,10)

'Noch hun zilver, noch hun goud zal hen kunnen redden op de dag van de ***verbolgenheid des Heren.*** *Door* ***het vuur van Zijn naijver*** *zal de ganse aarde verteerd worden, want* ***vernietiging****, ja,* ***een verschrikkelijk einde zal Hij alle inwoners der aarde bereiden.'*** *(Zefanja 1:18)*

'Komt tot uzelf, ja, komt tot inkeer, gij schaamteloos volk, voordat het besluit tot uitvoering komt - als kaf gaat een dag voorbij - ***voordat over u komt de brandende toorn des Heren, voordat over u komt de dag van de toorn des Heren.*** *Zoekt de Here, alle ootmoedigen des lands, gij die zijn verordening volbrengt; zoekt gerechtigheid, zoekt ootmoed;* ***misschien zult gij geborgen worden op de dag van de toorn des Heren****.' (Zefanja 2:1-3)*

'Zij verwekten Mij tot naijver door wat geen god is, zij krenkten Mij met hun ijdelheden. Daarom zal Ik hen tot naijver verwekken door wat geen natie is, door een dwaas volk zal Ik hen krenken. Want ***een vuur is in mijn toorn ontstoken****, het brandt tot in de diepten van het dodenrijk; het verteert de aarde met wat zij opbrengt en verzengt de grondvesten der bergen.* ***Ik zal rampen over hen ophopen, al mijn pijlen tegen hen afschieten****.' (Deuteronomium 32:21-23)*

'En zij zeiden tot de bergen en tot de rotsen: Valt op ons en verbergt ons voor het aangezicht van Hem (God), die gezeten is op de troon, en voor ***de toorn van het Lam****; want* ***de grote dag van hun toorn is gekomen en wie kan bestaan?'*** *(Openbaring 6:16-17)*

'Daarom zal Ik de hemel doen wankelen en de aarde zal bevend van haar plaats wijken door ***de verbolgenheid van de Here*** *der heerscharen, ten dage van* ***zijn brandende toorn.****' (Jesaja 13:13)*

'Kom, mijn volk, ga in uw binnenkamers, en sluit uw deuren achter u; verberg u een korte tijd, ***tot de gramschap over is****. Want zie, de Here verlaat zijn plaats* ***om de ongerechtigheid der bewoners van de aarde aan hen te bezoeken****; dan zal*

de aarde het op haar vergoten bloed aan het licht brengen en haar verslagenen niet langer bedekken.' (Jesaja 26:19-21)

Al deze teksten spreken niet langer over een genadige God, maar over een God die zegt: Nu is het genoeg. Jullie willen Mij niet, goed, dan komt nu Mijn oordeel! Zelfs Gods kinderen komen op een punt dat ze niet langer bidden en smeken voor hun vervolgers, maar God vragen om hun bloed te wreken.

'En zij riepen met luider stem en zeiden: Tot hoelang, o heilige en waarachtige Heerser, ***oordeelt en wreekt Gij ons bloed niet aan hen****, die op de aarde wonen?' (Openbaring 6:10)*

We zien dat God dit gebed verhoort, want op zekere dag stuurt Hij een engel om Zijn oordeel ten uitvoer te brengen vanwege het onschuldige bloed dat ze vergoten hebben.

'En een sterke engel nam een steen op als een grote molensteen en wierp hem in de zee, zeggende: ***Zó zal Babylon met geweld geworpen worden, de grote stad, en zij zal nooit meer gevonden worden****. En geen stem van citerspelers en zangers, van fluitspelers of bazuinblazers zal meer in u gehoord worden, en niemand, die enige kunst beoefent, zal meer in u gevonden worden, en geen geluid van de molen zal meer in u gehoord worden. En geen lamplicht zal meer in u schijnen, en geen stem van bruidegom en bruid zal meer in u gehoord worden, want uw kooplieden waren de machthebbers der aarde, want door uw toverij werden alle volken verleid;* ***en in haar werd gevonden het bloed van profeten en heiligen en van allen, die geslacht zijn op de aarde****.' (Openbaring 18:21-24)*

Velen willen deze woorden niet horen. In veel preken worden deze teksten angstvallig vermeden. Predikers praten mensen vaak naar de mond en zeggen wat dezen willen horen. Maar het is de waarheid die vrijmaakt. Laten we de hele raad Gods ter harte nemen en Zijn oordeel ontvluchten door te schuilen in de schuilplaats van de Allerhoogste. Alleen daar zijn we veilig voor de oordelen die over deze wereld gaan komen. Je huis, je geld, je voorraden, je politieke invloed, je positie of populariteit zullen je geen van alle kunnen redden. Alleen diegenen die bewust kiezen om te schuilen in de schuilplaats van de Allerhoogste zullen bewaard blijven voor de oordelen die over deze wereld zullen komen. Precies zoals Gods Woord zegt.

> *'Wie in de schuilplaats van de Allerhoogste is gezeten, vernacht in de schaduw des Almachtigen. Al vallen er duizend aan uw zijde, en tienduizend aan uw rechterhand, tot u zal het niet genaken; slechts zult gij het met uw ogen aanschouwen, en* ***de vergelding aan de goddelozen zien****. Want Gij, o Here, zijt mijn toevlucht.'* (Psalm 91:1,7-9)

> *'Want* ***Hij bergt mij in zijn hut ten dage des kwaads****, Hij verbergt mij in het verborgene van zijn tent, Hij plaatst mij hoog op een rots.'* (Psalm 27:5)

Laten we nog even teruggaan naar de vraag over *genade* of *oordeel*. Beide zullen ten uitvoer worden gebracht en zijn ook deels al ten uitvoer gebracht. Op het kruis waaraan Jezus stierf, heeft God Zijn oordeel geveld. Daar heeft Jezus onze schuld geboet en de straf gedragen, die wij verdienden. Daarin zien we Gods rechtvaardige oordeel over de zonde. Maar we zien ook Gods grote liefde en genade, omdat Hijzelf de straf onderging, die wij verdienden. Er is dus een plaats, waar Gods oordeel al voltrokken is: op het kruis van Golgotha. Daar heeft Gods vuur in alle hevigheid gewoed. Laat mij dit illustreren.

Waar het vuur al is geweest

Een boer was aan het werk midden in de eindeloze graanvelden van Canada, toen hij plotseling vlammen zag aan de horizon. De wind was fel en stond in zijn richting. Het vuur kwam met een razende snelheid zijn kant op. De boer wist dat hij niet aan het naderende vuur zou kunnen ontsnappen. Hij besefte dat er geen tijd te verliezen was en dacht koortsachtig na over een mogelijkheid om dit noodlot te ontlopen. Ineens kreeg hij een helder idee. Hij draaide zich om en stak het stuk land achter zich in brand. Binnen enkele minuten was het veranderd in een verschroeide akker. Hij rende zo ver mogelijk de verbrande akker op en wachtte af. Binnen afzienbare tijd kwam de vlammenzee op hem af, maar stopte op veilige afstand van waar hij stond. Het vuur kon hem niet meer raken, want waar hij stond was het vuur al geweest. En zo ontsnapte deze man aan het noodlot dat zijn graanveld trof. Een prachtig schaduwverhaal dat ons laat zien wat Jezus voor ons gedaan heeft op het kruis van Golgotha.

Golgotha

En zo is het eigenlijk ook met Gods toorn. Aan de horizon van de tijd zie ik de vlammenzee van Gods oordeel al over deze wereld komen. Er staat een venijnig harde wind; het oordeel is niet meer te keren; bij God staat het vast. De vraag is niet of het komt, maar wanneer. Er is nog maar weinig tijd om aan dit oordeel te ontkomen. En de enige plaats om eraan te ontsnappen is daar, waar het vuur van Gods oordeel al geweest is. En dat is op Golgotha.

Daar heeft God de straf voor onze zonden over Jezus uitgegoten. Jezus heeft vrijwillig onze schuld en straf op zich genomen. Golgotha is de schuilplaats van de Allerhoogste. Daar alleen zijn we veilig voor het komende oordeel.

Net als deze boer, moeten we ons *omkeren*, we moeten ons *bekeren* en naar het kruis rennen. Dan staan we op de enige plek waar Gods oordeel niet meer zal komen, omdat het daar al is geweest. Dat is de plaats van de genade van God, waarmee we aan Zijn oordeel kunnen ontkomen. Dat is de plaats waar we veilig en geborgen zijn. Andere opties zijn er niet. Jezus is de Weg, de Waarheid en het Leven. En ik vraag uit de grond van mijn hart: ren naar dit kruis, erken dat je niet tegen dat oordeel kunt vechten, maar dat er iemand is die jouw straf al heeft gedragen, zodat je veilig bent op de plaats waar de straf voor jouw zonde al is geboet. Vraag Jezus in je leven te komen, dan kan je de vlammenzee van Gods komende oordeel onbevreesd zien komen, terwijl je zelf veilig bent in Gods bescherming, zoals David zegt in Psalm 91.

> *'Al vallen er duizend aan uw zijde, en tienduizend aan uw rechterhand, tot u zal het niet genaken; slechts zult gij het met uw ogen aanschouwen, en de vergelding aan de goddelozen zien.* ***Want Gij, o Here, zijt mijn toevlucht****.' (Psalm 91:7-9)*

Vraag: Welke ontwikkelingen zie je in de wereld die volgens jou er op wijzen dat we dicht bij het einde zijn?

Antwoord: Ik zie heel veel ontwikkelingen die mij sterken in de overtuiging dat we heel dicht bij het einde zijn. In mijn boek: 'De komst van de Koning der koningen', noem ik het volgende rijtje profetieën die allemaal in onze generatie in vervulling zijn gegaan of nog in vervulling zullen gaan.

1. Kennisexplosie als nooit tevoren - Daniël *12:4*
2. Nucleaire wapens en oorlog - *Zacharia 14:12-15*
3. Wedergeboorte van Israël - *Ezechiël 37:4-6*
4. Terugkeer van de Joden naar Israël - *Jeremia 16:14-16*
5. Jeruzalem is Israëls ongedeelde hoofdstad - *Lukas 21:24*
6. Het evangelie wordt wereldwijd gepredikt - *Matt. 24:14*
7. Internationale televisie - *Openbaring 11:3-12*
8. Een tijd van grote misleiding - *2 Johannes 1:7-11*
9. Hongersnood en pestilentiën - *Mattheüs 24:7-8*
10. Een groeiend aantal aardbevingen - *Mattheüs 24:7*

Ik noem ze hier zonder verdere toelichting omdat ik dat al uitgebreid heb gedaan in mijn boek: 'De komst van de Koning der koningen'. Naast de vervulling van deze profetieën, zie ik ook veel andere profetische ontwikkelingen die in onze tijd plaats vinden.

Profetisch perspectief
1. De kerk wordt onzichtbaarder - Christus steeds zichtbaarder
2. Goed wordt slecht genoemd en slecht goed - *Leviticus 27:10*
3. De LHBT-beweging (Lesbo-Homo-Bi-en Transseksueel) wordt steeds agressiever
4. Christenen worden beschuldigd van discriminatie maar worden zelf gediscrimineerd
5. Bijbelgetrouwen christenen worden steeds meer als staatsvijanden gezien
6. De wederkomst van Jezus wordt belachelijk gemaakt (zoals ook Noach belachelijk werd gemaakt)

7. De lauwe kerk gaat mee in tolerantie, LHBT, wereldkerk, antisemitisme, etc.
8. Haat en vervolging tegen christenen en Israël zullen steeds sterker worden
9. Er wordt gestreefd naar een-wereld-regering (United Nations)
10. De 'Een-wereld-religie' zal de ware kerk gaan vervolgen.
11. De kerk raakt steeds meer op de achtergrond en Israël op de voorgrond
12. De tijd van de heidenen is bijna voorbij
13. God richt zijn aandacht nu weer meer op Israël
14. De ware kerk zal steeds meer liefde voor Israël tonen
15. Er zal strijd in het Midden-Oosten zijn die uitmondt in een wereldoorlog
16. In en rond die climax zal Christus Zijn gemeente halen in de Opname

Zonder nadere uitleg noem ik de hierboven genoemde ontwikkelingen, die ik zie als tekenen van deze tijd, die ons doen beseffen dat Jezus spoedig komt. Wellicht dat ik in een ander schrijven deze punten nog eens zal toelichten, want het valt buiten het kader van dit beknopte boek om dit nu te doen. Bovendien zie ik nog een aantal andere ontwikkelingen in de wereld, die verband houden met Amerika, dat in een rap tempo afglijdt in een moreel en geestelijk verval en dat ook zijn prominente plaats als sterkste wereldmacht in het geopolitieke evenwicht aan het verliezen is, of reeds verloren heeft.

Amerika

- Amerika zal Israël niet langer steunen en Israël heeft het land ook niet meer nodig
- Er zal veel strijd zijn in families en tussen de rassen in de V.S.
- Er zullen oorlogen en geruchten van oorlogen zijn in Amerika
- Bendes zullen steden steeds onveiliger maken
- Mexico zal Amerika uitdagen en er zal strijd aan de zuidgrens zijn
- Misbruik van de grondwet leidt tot het bankroet van de VS.
- Fabrieken zullen massaal sluiten en het land blijft braak liggen
- Er zullen innerlijke conflicten zijn in de centrale regering
- De nationale schuld van 22 triljoen zal nog verder oplopen
- Meer armoede met 100 miljoen werklozen; 50% leeft al van voedselbonnen
- Politici ontvluchten het land omdat ze een ineenstorting verwachten
- Er komt een eind aan de VS zoals we haar kennen, d.m.v. aardbevingen, tsunami's, etc.

Alle bovengenoemde ontwikkelingen zien en lezen we dagelijks in de krant; ze wijzen allemaal op de door God voorzegde profetische tekenen van de eindtijd en van Zijn spoedige komst. Dat is geen reden tot paniek of angst, want deze dingen zijn de barensweeën van Gods Koninkrijk en Jezus zegt tegen hen die Hem tot hun heil verwachten:

> *'Wanneer deze dingen beginnen te geschieden, richt u op en heft uw hoofden omhoog, want uw verlossing genaakt.' (Lukas 21:28)*

Vraag: Het zou natuurlijk wel prachtig zijn dat Jezus *voor* de grote verdrukking komt, maar is dat geen wensdenken, vooral door angst ingegeven? Op grond van welke teksten geloof je dat Jezus vóór de zeven jaren van verdrukking komt om Zijn gemeente op te nemen?

Antwoord: Dit hele boek gaat zo ongeveer over deze vraag. Maar ik zal deze beantwoorden aan de hand van een aantal bijbelteksten, op grond waarvan ik geloof dat Jezus terugkomt *vóór* die zeven jaar.

1. Benauwdheid voor Israël en oordeel over goddelozen

We zien, dat *die dag*, ofwel de dag des Heren, een tijd van benauwdheid voor Jacob inhoudt. Dat is de tijd dat God zich weer op Israël richt. De gemeente van Jezus Christus wordt in dit verband niet genoemd, wat mijn ziens erop duidt dat de gemeente al niet meer in beeld is.

> *'Wee, want groot is **die dag**, zonder weerga; een **tijd van benauwdheid is het voor Jakob**; maar daaruit zal hij gered worden.' (Jeremia 30:7)*

> *'Een na-ijverig God en een wreker is de Here, een wreker is de Here en vol van grimmigheid; een wreker is de Here **voor zijn tegenstanders**, **en toornen blijft Hij tegen zijn vijanden**.' (Nahum 1:2)*

Deze tekst, die gaat over *'de dag des Heren'*, spreekt over God als een wreker, vol grimmigheid tegen zijn tegenstanders en vol toorn tegen zijn vijanden. Dit gaat niet over de gelovigen maar over de ongelovigen. Hier wordt gesproken over *'de dag des oordeels'* over de goddelozen. En niet over Gods kinderen. Zijn kinderen neemt Hij weg uit het oordeel.

2 Benauwdheid om de natiën te oordelen

De benauwdheid die over deze wereld komt, heeft alles te maken met Gods oordeel over de natiën. Maar omdat Gods kinderen niet bestemd zijn voor de toorn, heeft deze tekst geen betrekking op Gods kinderen. Opnieuw wekt dit de indruk dat die dan al zijn opgenomen.

> *'En de volkeren waren toornig geworden, maar **Uw toorn** is gekomen en de tijd voor de doden om geoordeeld te worden en om het loon te geven aan uw knechten, profeten, en aan de heiligen en aan hen, die uw naam vrezen, aan de kleinen en de groten **en om te verderven wie de aarde verderven**.' (Openbaring 11:18)*

Terwijl Gods kinderen en dienstknechten hun beloning ontvangen, worden de goddelozen die verderf op aarde hebben gesticht zelf door de Heer verdorven. Die benauwdheid op aarde is duidelijk niet bedoeld voor Gods kinderen, maar ze is als een strafmaat voor de goddelozen.

3. De aarde en de goddelozen worden vernietigd

De verdelging en verwoesting van de aarde heeft niets met Gods kinderen te maken, maar juist alles met Gods brandende toorn, die de aarde tot een woestenij maakt om daarmee zondaars te verdelgen. Verwoesting en vernietiging is Gods oordeel over de goddelozen. Opnieuw geeft deze tekst helder de indruk dat de gelovigen buiten beeld blijven, omdat dit oordeel hen niet aangaat. Zo wordt ook hier de indruk gewekt dat de gemeente dan al is opgenomen.

> *'Zie, de dag des Heren komt, **meedogenloos**, met **verbolgenheid** en **brandende toorn**, om de aarde tot een woestenij te maken en **haar zondaars van haar te verdelgen**.' (Jesaja 13:9)*

4. Om een rest te behouden

Bij de verwoesting van Sodom en Gomorra zien we dat Lot en zijn dochters aan het oordeel ontkomen. De engelen konden zelfs niets doen, voordat ze een veilig heenkomen hadden gevonden. Het oordeel komt dus, maar bepaalde mensen worden daaruit weggenomen en ontkomen daarmee aan het oordeel, zoals ook Jesaja zegt.

> *'Indien de Here der heerscharen ons niet enige* ***ontkomenen*** *had overgelaten, waren wij als Sodom geworden, aan Gomorra gelijk.' (Jesaja 1:9)*

> *'En de draak werd toornig op de vrouw en ging heen om oorlog te voeren tegen de overigen van haar nageslacht, die de geboden van God bewaren en het getuigenis van Jezus hebben.' (Openbaring 12:17)*

De draak vocht tegen de overigen van *haar* nageslacht. Dit verwijst naar het Joodse volk en naar de benauwdheid van Jacob. God zal hen echter bewaren. Er wordt hier niet gesproken over de gemeente, maar over de nazaten van de vrouw, Israël. De gemeente is hierbij niet in beeld, wat opnieuw mijn overtuiging versterkt dat deze al is opgenomen

5. We zijn niet bestemd voor het oordeel

In het voorgaande is duidelijk gemaakt en dat vinden we opnieuw in deze tekst, dat het oordeel niet bedoeld is voor de gelovigen, maar voor de goddelozen.

> *'Want God heeft ons* ***niet gesteld tot toorn****, maar tot* ***het verkrijgen van zaligheid*** *door onze Here Jezus Christus.' (1 Thessalonicenzen 5:9)*

6. We bidden dat we aan deze dingen zullen ontkomen

In de volgende tekst worden we aangespoord om te bidden dat we aan Gods oordeel over de goddelozen zullen kunnen ontkomen. Het oordeel zal komen, daar is Gods Woord wel heel duidelijk over. De komst van het oordeel zelf is onomkeerbaar. Het is dan ook niet langer de vraag *of* het oordeel komt, maar *wanneer* Gods oordeel komt. Als wij onder het oordeel zouden komen en er op geen enkele manier aan zouden kunnen ontkomen, dan zou het onzinnig zijn om hier voor te bidden. Daarom zie ik ook in deze tekst een prachtige belofte dat God ons voor die tijd wil wegnemen, zodat we zullen ontkomen aan alles was geschieden zal.

> *'Waakt te allen tijde, biddende, dat gij in staat moogt wezen te* ***ontkomen aan alles*** *wat geschieden zal, en gesteld te worden voor het aangezicht van de Zoon des mensen.'* (Lukas 21:36)

7. Om ons te bewaren voor het uur der beproeving

Deze tekst hebben we al uitgebreid besproken; ze geeft ons eveneens de gezegende hoop dat God ons zal bewaren en uitleiden, voordat Hij zijn oordeel over deze wereld zal uitgieten.

> *'Omdat gij het bevel bewaard hebt om Mij te blijven verwachten,* ***zal ook Ik u bewaren voor de ure der verzoeking, die over de gehele wereld komen zal****, om te verzoeken hen, die op de aarde wonen.'* (Openbaring 3:10)

8. Een sabbatsrust in de hemel

De Hebreeënbrief spreekt over een sabbatsrust in de hemel. We moeten er ernst mee maken om die rust binnen te gaan. Dat zie ik dan ook weer als een aansporing om er klaar voor te zijn om door de Heer te worden opgenomen om in te gaan in Zijn hemelse rust.

'Er blijft dus een sabbatsrust voor het volk van God. Want wie tot zijn rust is ingegaan, is ook zelf tot rust gekomen van zijn werken, evenals God van de zijne. ***Laten wij er dus ernst mede maken om tot die rust in te gaan****, opdat niemand ten val kome door dit voorbeeld van ongehoorzaamheid te volgen.' (Hebreeën 4:9-11)*

Wie overwint, zal van de tweede dood geen schade lijden

De Opname is een zegen voor de overwinnaar

Wat het tijdstip van de Opname betreft, liggen drie visies het dichtst bij elkaar: de Opname *vóór* de grote verdrukking (pre-trib), de Opname *halverwege* de grote verdrukking (mid-trib) en de Opname *aan het einde* van de grote verdrukking (post-trib). De andere visies laat ik buiten beschouwing, aangezien deze in het geheel niet relevant zijn. Maar wat deze drie betreft ben ik er persoonlijk van overtuigd dat Jezus voor Zijn gemeente, Zijn Bruid, terugkomt *vóór* de grote verdrukking.

Wie overwint zal met Mij zitten op Mijn troon

Dit laatste gebeuren moet u vooral niet verwarren met Zijn terugkeer op aarde aan het einde van de grote verdrukking. Maar wie gaan er mee in de Opname? Gaat iedereen die gelooft mee? Nee, dat geloof ik niet! De Opname is een beloning voor de overwinnaars en daarvan zegt Jezus tot de zeven gemeenten het volgende:

- Wie overwint, hem zal Ik geven te eten van de boom des levens, in het paradijs Gods
- Wie overwint, zal van de tweede dood geen schade lijden
- Wie overwint, hem zal Ik geven van het verborgen manna
- Wie overwint, Ik zal hem een witte steen geven met een nieuwe naam
- Wie overwint, (...), zal Ik macht geven over de heidenen
- Wie overwint, zal aldus bekleed worden met witte klederen
- Wie overwint, Ik zal zijn naam geenszins uitwissen uit het boek des levens
- Wie overwint, Ik zal zijn naam belijden voor mijn Vader en voor zijn engelen
- Wie overwint, hem zal Ik maken tot een zuil in de tempel mijns Gods voor altijd
- Wie overwint, Ik zal op hem schrijven de naam mijns Gods en (...) mijn nieuwe naam
- Wie overwint, hem zal Ik geven met Mij te zitten op mijn troon (...)

Al deze zegeningen zijn voor de overwinnaars uit de zeven gemeenten. Na deze hoofdstukken lezen we dat Johannes in de hemel wordt opgetrokken. Vanuit dat perspectief beschrijft hij de rest van zijn openbaring, maar van de zeven gemeenten horen we helemaal niets meer. Geen woord van troost of bemoediging, geen enkele vermaning of instructie hoe we door die zware tijden zouden moeten heengaan. Nee, helemaal niets, totdat de gemeente aan het eind van het boek opnieuw in beeld verschijnt. Waarom horen we tussen Openbaring 4 en Openbaring 19 niets van de gemeente? Zou God zijn kinderen dan niet voorbereiden op de dingen die gaan komen? Of is die instructie overbodig, omdat die overwinnende gemeente al is opgenomen? Persoonlijk geloof ik dat laatste - de gemeente is dan al opgenomen. Dat is de grote zegen en de gezegende hoop van hen die de Heer verwachten.

De Opname en het boek der herinneringen

Tenslotte is er nog een bijzondere en niet veel besproken tekst in het boek Maleachi, die er over spreekt dat God zijn kinderen zal sparen voor de tijd van benauwdheid die op aarde komt. Hoewel de Bijbel ons belangrijkste boek is, spreekt diezelfde Bijbel over zeven andere boeken, die door Gods Woord als gezaghebbend worden beschouwd. Hier volgen die zeven boeken:

Zeven boeken in de Bijbel

1. Het boek des levens – Psalm 69:29 - 139:16
2. Het boek des levens van het Lam – Openbaring 13:8
3. Het boek der tranen – Psalm 56:9
4. Het boek der werken – Openbaring 20:12, Markus 9:41
5. Het boek met de zeven zegels – Openbaring 5:1
6. Het boek der oprechten – Jozua 10:13, 2 Samuel 1:18
7. Het boek der herinneringen – Maleachi 3:16-18

Wat blijft God in herinnering houden en waarom?

Het gaat nu vooral om het laatste boek in dit rijtje. God vindt bepaalde zaken zo belangrijk dat Hij deze laat optekenen in *'het boek der herinneringen'*. Een goede daad, een vriendelijk woord, een onzelfzuchtig offer: het wordt allemaal door God gezien en opgetekend in *'het boek der herinneringen'*. Precies zoals dat ook gebeurde ten tijde van koning Nebukadnezar, die bijzondere gebeurtenissen liet optekenen in het *'gedenkboek'*, zoals het in het boek Ester wordt genoemd. Koning Nebukadnezar las, op een nacht toen hij niet slapen kon, in dat *'gedenkboek'* hoe

Mordechai een aanslag had verijdeld. Omdat hij ontdekte dat Mordechai daar nog nooit voor beloond was, besloot hij hem alsnog te eren voor zijn goede daad. Je leest dit in Esther 6:1-3. Op dezelfde wijze houdt God een gedenkboek bij over ons leven. Laten we naar een paar voorbeelden kijken, die in de Bijbel worden genoemd.

- God gedacht Noach
  en deed de wateren afnemen - Genesis 8:1
- God gedacht Rachel
  en opende haar schoot - Genesis 30:22
- God gedacht de Israëlieten in Egypte
  en leidde hen uit - Exodus 2:24
- God gedacht Hanna
  en opende haar schoot - 1 Samuel 1:9-10
- God gedacht de moordenaar aan het kruis
  en nam hem mee naar het paradijs - Lukas 23:42-43
- God gedacht de gebeden van Cornelius
  en stuurde Petrus naar zijn huis - Handelingen 10:3-4
- God gedenkt hen die Hem vrezen - Handelingen 10:1-2
- God gedenkt hen die van Hem getuigen – Maleachi 3:16
- God gedenkt hen die Zijn naam overdenken – Mal. 3:16

Met name van die laatste groep gelovigen - *zij die Hem vrezen en die Zijn naam in ere houden* - wordt gezegd dat ze door God zullen worden beschermd op *'de dag des oordeels'*, hier *'die dag'* genoemd. Dan zal God hen sparen.

> *'Dan spreken zij die de Here vrezen, onder elkander, ieder tot zijn naaste: De Here bemerkte het toch en hoorde het en er werd* ***een gedenkboek voor zijn aangezicht geschreven****, ten* ***goede van hen die de Here vrezen en zijn naam in ere houden****. Zij zullen Mij ten eigendom zijn, zegt de Here der*

> *heerscharen,* ***op de dag die Ik bereiden zal****. En* ***Ik zal hen sparen, zoals iemand zijn zoon spaart****, die hem dient. Dan zult gij tot inkeer komen en het onderscheid zien tussen de rechtvaardige en de goddeloze; tussen wie God dient, en wie Hem niet dient.' (Maleachi 3:16-18)*

En waarom spaart God hen op *'die dag'*? Hij doet dat om hen te vrijwaren van het oordeel, ofwel *'de grote verdrukking'* die over deze wereld komt, zoals Maleachi zegt in de volgende verzen.

> *'Want zie,* ***de dag komt, brandend als een oven!*** *Dan zullen* ***alle overmoedigen*** *en* ***allen die goddeloosheid*** *bedrijven, zijn als stoppels, en de dag die komt, zal hen in brand steken - zegt de Here der heerscharen - welke hun wortel noch tak zal overlaten. Maar voor* ***u, die mijn naam vreest****, zal de zon der gerechtigheid opgaan, en er zal genezing zijn onder haar vleugelen; gij zult uitgaan en springen als kalveren uit de stal. Gij zult de goddelozen vertreden, want tot stof zullen zij zijn onder uw voetzolen* ***op 'de dag' die Ik bereiden zal****, zegt de Here der heerscharen.' (Maleachi 4:1-3)*

Wanneer gaat dit gebeuren? Dat weet niemand! Zelfs Jezus niet, want Hij zegt hierover:

> *'Doch van* ***die dag en van die ure weet niemand****, ook* ***de engelen der hemelen niet, ook de Zoon niet, maar de Vader alleen****. Want zoals het was in de dagen van Noach, zo zal de komst van de Zoon des mensen zijn. Want zoals zij in die dagen vóór de zondvloed waren, etende en drinkende, huwende en ten huwelijk gevende, tot op de dag, waarop Noach in de ark ging, en zij niets bemerkten, eer de zondvloed kwam en* ***hen allen wegnam****, zo zal ook de komst van de Zoon*

*des mensen zijn. Dan zullen er twee in het veld zijn, **één zal aangenomen worden en één achtergelaten worden**; twee vrouwen zullen aan het malen zijn met de molen, één zal aangenomen worden, en één achtergelaten worden. Waakt dan, want gij weet niet, op welke dag uw Here komt.'*
(Mattheüs 24:36- 42)

Vraag: Velen denken dat de gemeente door de grote verdrukking zal gaan. Ze geloven dit vooral op grond van 2 Thessalonicenzen 2:1-8, waar staat dat **eerst** de afval komt en de mens der wetteloosheid zich openbaren zal, voordat de dag des Heren komt. Hoe kun je deze bijbeltekst rijmen met de overtuiging dat de Opname vóór de grote verdrukking komt terwijl deze tekst zo duidelijk zegt dat eerst de afval en de antichrist moeten komen?

Antwoord: Een heerlijke vraag om te beantwoorden. Het is een kwestie van hoe je leest en deze verzen interpreteert. Want laten we deze tekst eerst eens goed lezen:

*Maar wij verzoeken u, broeders, met betrekking tot **de komst van onze Here Jezus Christus en onze vereniging met Hem**, dat gij niet spoedig uw bezinning verliest of in onrust verkeert, hetzij door een geestesuiting, hetzij door een prediking, hetzij door een brief, die van ons afkomstig zou zijn, alsof **de dag des Heren reeds aanbrak**. Laat niemand u misleiden, op welke wijze ook, want **eerst** moet de afval komen en de mens der wetteloosheid zich openbaren, de zoon des verderfs, de tegenstander, die zich verheft tegen al wat God of voorwerp van verering heet, zodat hij zich in de tempel Gods zet, om aan zich te laten zien, dat hij een god is. Herinnert gij u niet, dat ik, toen ik nog bij u was, u dit meermalen gezegd heb? En gij weet thans wel, **wat hem weerhoudt**,*

> *totdat hij zich openbaart op zijn tijd. Want het geheimenis der wetteloosheid is reeds in werking; wacht slechts* ***totdat hij, die op het ogenblik nog weerhoudt, verwijderd is****. Dan zal de wetteloze zich openbaren; hem zal de Here Jezus doden door de adem zijns monds en machteloos maken door zijn verschijning,* ***als Hij komt****. (2 Thessalonicenzen 2:1-8)*

Waarom verkeerden ze in onrust over hun vereniging met de Heer (de Opname)? Dat kwam omdat er door brieven of preken, die van Paulus afkomstig zouden zijn, beweerd werd dat *'de dag des Heren'* reeds was aangebroken. De vrees van de Thessalonicenzen was dat zij de Opname hadden gemist en nu door de grote verdrukking moesten gaan. Maar dat was niet het geval en daarom wilde Paulus hen gerust stellen over hun vereniging met de Heer. Hij maakte hen duidelijk dat 'de dag des Heren', ofwel Zijn letterlijke wederkomst naar de aarde, pas zou plaatsvinden nadat de afval (daar kom ik nog op terug) is geweest en vervolgens de antichrist, ofwel de mens der wetteloosheid, zich openbaart. Hij noemt deze zaken in deze volgorde en we zullen zien dat dit niet zomaar is. Pas nadat de antichrist is geweest zal de *'de dag des Heren'* plaatsvinden.

Verwarring over 'de dag des Heren'

Door de verkeerde veronderstelling dat *'de dag des Heren'* verwijst naar *'onze vereniging met Hem'* ofwel de Opname, is deze verwarring ontstaan. Maar het moge inmiddels duidelijk zijn dat *'de dag des Heren'* verwijst naar de grote verdrukking die eindigt met de letterlijke wederkomst van Jezus naar de aarde.

De afval?

Bovendien, en dit is heel belangrijk, staat er een vreemde opmerking in dit gedeelte die niet nader wordt uitgelegd. Paulus zegt dat eerst de *'afval'* moet komen. Velen hebben verondersteld dat dit een grote geloofsafval betreft, die tijdens de grote verdrukking zal plaatsvinden. Maar is dit echt wat Paulus bedoeld? Ik betwijfel dat ten zeerste!

Kenneth Wuest, een bekende geleerde van het bijbelse Grieks, zegt dat de uitdrukking *'de afval'* een verkeerde vertaling is van het Griekse woord *'apostasia'* en veeleer vertaald had moeten worden met het woord *'vertrek'*. De stam van het werkwoord 'aphistemi' komt 15 keer voor in het Nieuwe Testament en wordt daarvan 11 keer vertaald met het woord *'vertrek'*, of gelijksoortige termen met de betekenis van *'de daad van het verlaten van een persoon of plaats'*, *'een vertrek'*, *'een plotseling verdwijnen'*. Wuest zegt verder dat *'apostasia'* soms werd gebruikt om een opstand of een afvalligheid aan te duiden, maar dat men het niet die betekenis mag geven als de context dit niet rechtvaardigt, en dat is inderdaad niet het geval in de Thessalonicenzen brief. Volgens Wuest en andere gezaghebbende bijbelgeleerden, zou het woord *'vertrek'* in dit verband dan ook de enige juiste vertaling zijn van het woord *'apostasia'*. Volgens hem refereert Paulus simpelweg naar zijn opmerking uit vers één: *het vergaderd worden van de heiligen met Hem*. In zijn eerste brief aan de Thessalonicenzen beschrijft hij dit als: *daarna zullen wij levenden, die achterbleven zijn, samen met hen de Here tegemoet gaan in de lucht*. Wat heel duidelijk spreekt van een vertrek van de aarde, waardoor zij automatisch ook geborgen zijn tegen de toorn des Heren. Wanneer we deze Joods-Griekse bijbelinterpretatie toepassen op de tekst van 2 Thessalonicenzen, krijgt deze een heel andere betekenis. Vrij vertaald uit de grondtekst, zou men deze verzen dan als volgt kunnen lezen:

> *Maar wij verzoeken u gelovigen, met betrekking tot de komst van onze Here Jezus Christus en onze vereniging met Hem in de Opname, dat u niet spoedig uw bezinning verliest of in onrust verkeert, hetzij door een profetie, een prediking of een brief die van ons afkomstig zou zijn, alsof de grote verdrukking, ofwel de dag des Heren reeds aanbrak. Laat niemand u misleiden, op welke wijze ook, want eerst moet 'het vertrek', van de gemeente komen, waarna de antichrist zich zal openbaren, de zoon des verderfs, de tegenstander, die zich verheft tegen al wat God of voorwerp van verering heet, door zelf in de tempel te gaan zitten, omdat hij wil laten zien dat hij een god is. Weet u niet meer dat ik u dit meerdere keren heb gezegd toen ik nog bij u was? En u weet wel, wat hem nu nog weerhoudt. Hij wacht gewoon zijn tijd af om zich op zijn tijd te openbaren, maar het geheimenis der wetteloosheid is reeds in werking; het wacht slechts totdat hij, die op het ogenblik nog weerhoudt, (de bruidsgemeente) is weggenomen, opgenomen in de hemel. Dan zal de antichrist zich openbaren. Maar wanneer de Here Jezus letterlijk terugkomt op deze aarde, zal Hij de antichrist machteloos maken, door hem te doden met de adem van Zijn mond. (2 Thessalonicenzen 2: 1- 8 - vrij vertaald)*

Eerst moet 'het vertrek' van de gemeente komen, voordat de antichrist zich zal kunnen openbaren

Het bijbelse inzicht in de ware betekenis van *de dag des Heren* als betrekking hebbende op de grote verdrukking, die eindigt met de letterlijke wederkomst van Christus op aarde, en de ware betekening van *de afval* als zijnde *het vertrek*, ofwel *de Opname*, laat geen ruimte voor een bijbelse bewijs dat de Opname aan het eind van de grote verdrukking zal plaatsvinden.

Hoewel velen de tekst uit Thessalonicenzen dus juist zien als bewijsstuk voor hun overtuiging dat de Opname aan het einde van de grote verdrukking plaatsvindt, zie ik in deze tekst juist het bewijs dat de Opname voor die tijd zal plaatsvinden. Met respect voor ieders oprechte overtuiging wil ik u toch vragen mijn argumenten serieus te onderzoeken en in overweging te nemen, in de hoop u daarmee op andere gedachten te brengen.

Slotconclusie

Ik zou op nog honderd andere vragen kunnen proberen een bijbels antwoord te geven. Maar uiteindelijk gaat het erom of je een levende verwachting hebt van Zijn komst. Mijn belangrijkste slotconclusie is dan ook dat we Jezus altijd, en daarmee bedoel ik letterlijk 'elke dag', te allen tijde, 24/7, moeten verwachten. Maar dat betekent niet dat we passief zitten af te wachten. Integendeel zelfs. Ook daarover is Jezus heel duidelijk als Hij zegt:

> *'Wie is dan de trouwe en verstandige slaaf, die de heer over zijn dienstvolk gesteld heeft om hun op tijd hun voedsel te geven?* ***Zalig die slaaf, die zijn heer bij zijn komst zó bezig zal vinden.*** *Voorwaar, Ik zeg u, dat hij hem over al zijn bezit zal stellen.' (Mattheüs 24:45-47)*

"Als Jezus morgen terugkomt, plant ik vandaag nog een boom!" is een bekend gezegde. En een boom plant je niet voor een dag. Dat doe je voor de komende generatie.

Dat doe je voor de eeuw die voor je ligt. Zoiets spreekt van een lange-termijn-visie. Dat zou je moeten doen, ook al weet je dat Jezus vandaag nog terug kan komen. Dat is nu eenmaal het spanningsveld waarin wij als gelovigen leven. Als je alleen maar op de hemel zit te wachten, ben je niet bezig met de opdracht die we net gelezen hebben in Mattheüs 24. Als je Hem niet verwacht, ben je ongehoorzaam aan Zijn bevel Hem te blijven verwachten.

Maak plannen voor honderd jaar,
maar verwacht Hem elk moment

Laat ik het daarom zo zeggen: *We moeten plannen maken alsof het nog honderd jaar kan duren, maar we moeten Jezus verwachten alsof Hij elk moment kan komen.*

Levend in dat spanningsveld zie ik uit naar Zijn komst!

Ja, kom Here Jezus, kom!

En dan zegt Hij: “Zie, Ik kom spoedig!”

Amen

De Heilbode

Over Stichting de Heilbode

Nadat Jaap in 1977 tot geloof was gekomen, heeft hij het verlangen gehad om het evangelie te prediken. Hij vertelde overal het bijzondere verhaal van zijn bevrijding uit de wereld van drugs en occultisme. Zijn getuigenis werd verspreid door artikelen in bladen, radio en televisie in binnen en buitenland. Door deze publiciteit gingen er veel deuren open om te getuigen van zijn geloof. In 1983 werd hij officieel als reizend evangelist ingezegend. Hoewel hij steeds actiever werd in Nederland, ging zijn hart steeds meer uit naar de onbereikten in de rest van de wereld.

Om zijn zendingswerk in goede banen te leiden, werd in 1985 Stichting De Heilbode in het leven geroepen. Sinds die tijd heeft Jaap zendingsreizen gemaakt naar bijna 50 landen, waaronder landen als Nigeria, Kenia, Oeganda, Tanzania, Ghana, India, Indonesië, Thailand, Maleisië, Singapore, Cambodja, Vietnam, China, de Filippijnen, Amerika, de Antillen, Trinidad, Suriname, de Balkan, Oost-Europa, Libanon en de meeste landen van West-Europa.

De doelstelling van de Heilbode was aanvankelijk gericht op het bereiken van onbereikten. Dit werd vooral gedaan door het houden van evangelisatie activiteiten. Maar die strategie veranderde na verloop van tijd. Nu richt Jaap zich vooral op het toerusten van nationale leiders, werkers en gemeenten d.m.v. leidersconferenties, seminars en opwekkings-samenkomsten, zodat zij zelf beter in staat zijn om hun eigen landgenoten te bereiken. Naast deze activiteiten leidt hij ook een omvangrijk werk voor wezen en weduwen. Dit werk is ondergebracht in een aparte stichting onder de naam: 'Abba Child Care International'. Kijk op www.abbachildcare.org voor meer informatie over deze tak van zijn bediening.

Het werk van St. de Heilbode is een geloofsproject dat mogelijk wordt gemaakt door giften van partners. Wanneer u belangstelling hebt voor dit zendingswerk en ervan op de hoogte wilt blijven, kunt u op www.heilbode.nl de digitale nieuwsbrief aanvragen. Wanneer u niet over internet beschikt, laat het ons dan weten door onderstaande reactiestrook of een briefkaartje/e-mail te sturen naar:

De Heilbode
Boomkleverlaan 263
3893 JW Zeewolde
E-mail: info@heilbode.nl
Site: www.heilbode.nl

— — — — — — — — — — — — — — —

Reactiestrook
Ja, dit boek heeft mij aangesproken en
ik wil betrokken zijn bij dit zendingswerk.

O Stuur mij regelmatig uw nieuwsbrief per e-mail.
O Ik wil regelmatig bidden voor dit werk.
O Ik wil dit werk financieel steunen met
€ ......,.. per maand / jaar / eenmalig.

Uitgaven van St. de Heilbode

Bestelnr:	Boeken	ISBN	Prijs
BJD14	De echte man (2e druk)	90.73982-16-2	€ 15, 00
BJD15	Apostolisch vaderschap	978-90-77607-20-6	€ 15, 00
BJD18	Goeie...Genade!	90.73982.20-8	€ 15, 00
BJD19	De Apostel (uitverkocht)	978-90-73982-21-5	€ 15, 00
BJD20	Gods hart v wezen/weduwen	978-90-73982-23-9	€ 15, 00
BJDE8	Apostolic Fatherhood (English)		€ 15, 00
BJDE14	Real Man (English)		€ 10, 00
BKV21	Van twee naar een (K. vd Vlies)	978-90-73982-24-6	€ 5, 00
BPA24	Apostel (Paul Ai)	978-90-73982-26-0	€ 15, 00
BJD25	Gekocht en betaald!	978-90-73982-27-7	€ 15, 00
BJD12	Terug naar de toekomst (2e druk)	978-90-73982-14-7	€ 15, 00
BJD26	Kunnen deze beenderen herleven	978-90-73982-28-4	€ 15, 00
BJD27	Het mysterie van de Opname	978-90-73982-29-1	€ 15, 00

CD-series Zes uur onderwijs + notities in PDF op MP3-CD in etui

CDS01	Zegen of vloek	€ 15, 00
CDS02	Heiliging	€ 15, 00
CDS03	Geestelijke oorlogvoering	€ 15, 00
CDS04	De Verborgen Mens	€ 15, 00
CDS05	Mensen die de wereld veranderen	€ 15, 00
CDS06	De kracht van passie	€ 15, 00
CDS07	Echtheid – imitatie of relatie	€ 15, 00
CDS08	De komst van de Koning der koningen	€ 15, 00
CDS09	De kracht van het gesproken woord	€ 15, 00
CDS10	Leven als een koningskind	€ 15, 00
CDS11	Openbaring van de zonen Gods	€ 15, 00
CDS12	Kunnen deze beenderen herleven?	€ 15, 00
CDS13	Het mysterie van de Opname	€ 15, 00

U kunt deze boeken en Cd's bestellen door het bedrag (plus € 3,- verzendkosten per bestelling) over te maken op ING-Bank, rekeningnummer: **NL46INGB0005169971** van St. de Heilbode o.v.v. de titels van de boeken. Zie voor meer informatie de online-shop op onze website: www.heilbode.nl.

Andere uitgaven van de Heilbode

Kunnen deze beenderen herleven?

Dat was de vraag die God aan Ezechiël stelde? Als we naar de wereld om ons heen kijken, vragen velen zich wanhopig af: kan het nog wel goed komen met deze verziekte wereld vol rampen, geweld, terrorisme, oorlog en immoraliteit? Sommigen hebben alle hoop verloren, maar als je de eeuwenoude profetieën uit Gods boek bestudeert, ontdek je, tegen alle verwachting in, een schitterend toekomstperspectief van een nieuwe wereld waarin liefde, gerechtigheid en vrede heersen. Waar mensen gezond oud worden, dieren tam zijn en de woestijn zal bloeien als een roos, omdat Jezus regeert. Dat is geen utopie maar Gods belofte voor hen die Hem kennen en liefhebben. Laat je inspireren door dit boek, want het beste komt nog! Met een voorwoord van Jaap Kooij, Frank Ouweneel en John Howard.

Auteur: Jaap Dieleman, pocket - 208 pagina's

ISBN 978-90-73982-28-4 - Prijs: € 15,00

Te bestellen via onze webshop op www.heilbode.nl

Andere uitgaven van de Heilbode

Gekocht en betaald

"Gekocht en betaald" is het nieuwe boek van Jaap Dieleman. Een inspirerende boodschap over de trouw van God aan Zijn verbond met ons. En de ongelooflijk rijke zegeningen die zijn weggelegd voor degene die (ver)bondgenoten zijn. Ontdek de grote kracht die er schuilt in het bloed van Jezus dat het enige en volmaakte offer is dat ons voor eens en voor altijd met God verzoent heeft. Een must voor iedereen die weet gekocht en betaald te zijn met het kostbare bloed van Jezus.

Auteur: Jaap Dieleman, pocket - 280 pagina's

ISBN 978-90-73982-27-7 - Prijs: € 17,50

Te bestellen via onze webshop op www.heilbode.nl